축성생활 용어집

축성생활 용어집

교회 인가 | 2015년 11월 10일
초판 발행 | 2015년 11월 21일

편저자 | 축성생활신학회
펴낸이 | 호명환
만든이 | 이상호
만든곳 | 프란치스코출판사(제2-4077호)
주　소 | 서울시 중구 정동길 9
전　화 | (02) 6325-5600
팩　스 | (02) 6325-5100
이메일 | franciscanpress@hanmail.net

ISBN 978-89-91809-46-8 93230

정　가 | 10,000원

축성생활 용어집

축성생활신학회 편

발간사

"축성된 이들이 있는 곳에는 언제나 기쁨이 있다". 교회 안에서 우리 모두는 복음에 대한 온전한 동의와 교회를 위한 봉사를 통해서 예수님을 따르는 모든 남녀 축성생활자들에게 희년이 되는 축성생활의 해를 보내고 있습니다. 저희 축성생활신학회에서는 이 뜻 깊은 해를 기념하여 열렸던 순회 학술 심포지엄과 다양한 형태의 신학 강좌를 통해 제2차 바티칸 공의회의 정신을 되새기고, 현시대의 교회와 세상 안에서 축성생활의 현실과 도전, 미래에 대해 조명해보는 의미 있는 작업에 참여해 왔습니다. 그런데 그보다 먼저 저희가 시작했던 일 하나가 이번에 결실을 보게 되었습니다. 이 축성생활 용어집이 그것입니다.

이 작업을 수행해 온 축성생활신학회의 구성원들은 축성생활 신학과 수도승 신학, 교회법 등을 각각 전공하고, 한국 교회 안에서 축성생활에 대한 신학적 기틀을 마련하는 데 힘을 보태고자 축성생활신학회라는 이름으로 모임을 갖고 있는 남녀 수도자들입니다. 작은형제회(프란치스코회)에서 운영하는 서울 수도자 신학원 측의 주도로 2012년 첫 모임을 열게 된 이후 현재까지 매월 모임을 가지면서, 한국의 축성생활자들의 학문적 필요에 부응하는 방법들을 모색하고 있습니다.

이 모임이 시작된 이래로 수차례 회의를 통해서 저희는 우선 축성생활과 관련하여 사용되는 용어들에 대한 정확한 개념과 번역을 정리할 필요성이 있다고 보았습니다. 정확한 용어 사용이 정확한 개념 이해를 돕고 삶의 바른 방향으로 이어질 수 있기 때문입니다. 이와 같은 취지에서 2년 여에 걸친 작업을 통해 우선적으로 선정된 용어들을 정리하여 책으로 펴내게 되었습니다. 본 용어집은 지난해에 개정된 주교회의 간행 『천주교 용어집』에 기초하여 현재 교회 안에서 쓰이는 축성생활 관련 용어들의 정확한 한국어 표현이나 번역어를 소개하고 그 기본적인 의미를 설명합니다. 또한 현재 쓰이는 용어 외에도 바람직하다고 여겨지거나 가능한 다른 표현을 제안하기도 합니다. 사실 본격적 수준의 신학사전이라면 더 큰 도움이 되겠지만 이는 많은 시간과 자원과 인력이 요구되는 일이기에 우선은 그 준비 단계로서 이 용어집을 기획한 것입니다.

저희 신학회의 이 작은 기여가 한국 교회의 모든 구성원들에게 축성생활에 대한 더 나은 이해와 도움을 줄 수 있기를 희망합니다. 이 용어집만이 아니라 앞으로도 더 나은 도구를 제공할 수 있도록 축성생활신학에 관한 지속적 연구 작업은 물론 이를 위한 교회의 모든 지체의 관심과 기도와 지원을 요청합니다.

이 자리를 빌려 저희 신학회 모임을 기획하고 후원해 주시는 서울 수도자 신학원과 축성생활의 해를 위한 특별위원회 그리고 집필에 참여해주신 모든 분들께 감사의 인사를 드립니다.

2015년 9월 8일
동정 마리아 탄생 축일에
축성생활신학회 회장 백남일 요셉 신부

축 사

황석모 요한 신부
한국 남자 수도회 사도생활단 장상 협의회 회장

　제2차 바티칸 공의회에서 반포된 「완전한 사랑」 50주년을 기념하여 보편 교회는 2015년 한 해를 축성생활의 해로 선포하여 축성생활자들의 삶이 이 시대를 위한 예언자적 징표의 삶으로 거듭날 것을 당부하셨습니다. 교회의 이 같은 배려는 많은 위기와 도전에 직면하고 있는 오늘의 수도회와 수도자들에게 세상을 따라잡기 위한 변화에 급급했던 지난날 적응의 시간들을 돌아보고 시대적 요청에 대한 새롭게 응답하라는 촉구라 할 수 있습니다. 이 쇄신의 촉구는 너무 세속적인 적응으로 말미암아 변질된 축성생활 전반에 대한 성찰과 세상 가운데서 예언자적 징표로서 그 역할에 충실하라는 요청입니다.
　특히 오늘날 교회 안에서 복음적 가치를 추구하는 삶을 살아가는 신원으로서 수도자들에게 무엇보다도 시급한 과제는 세속화에서 오는 요구들에 대한 올바른 식별 능력을 가지는 것이라 봅니다. 세속화로 인한 기능적-자의적 이해와 해석으로 인해 축성생활이 지향하는 가치를 잘 이해하지 못한 데서, 무엇보다 우리 스스로 알려고 하지 않는 게으름에서 야기되는 오류에서 교회의 구성원들을 보호하기 위해서라도 각각의 개념에 대한 올바른 해석이 필요합니다.

따라서 많은 경우 세속적 기준과 개인적 경험으로 이해해 온 축성생활과 관련된 용어들의 개념과 의미들을 밝힌 용어집을 갖는 것은 교회를 위해서도 필요한 일입니다. 이를 통해 용어들이 전하고자 하는 올바른 개념의 정립과 해석들로 축성생활이 지향하는 것이 무엇이며, 우리는 어떤 사명으로 초대되었고, 무엇을 해야 하는지, 그리고 누구인지에 대한 보다 명확하고 분명한 기준이 제시되는 것은 위기와 도전의 시대를 살아가고 있는 축성생활자들에게 도움이 될 것입니다.

그러므로 복음적 가치를 추구하는 신원으로서의 요구가 절실한 시점에 축성생활신학회에서 출간하는 이 용어집은 이 시대를 살아가는 축성생활자들에게, 그리고 축성생활을 더 잘 알고 싶은 모든 이에게 축성생활에 대한 이해를 돕는 역할을 할 것입니다. 이 역할이 앞서 말씀드린 것 같이 세속화로 인한 기능적-자의적 이해와 해석을 막아 줌으로써 축성생활이 지향하는 가치를 잘 이해시키고, 시대의 요구들에서 예언자적 징표로서 복음적 가치를 살아가도록 올바른 해석뿐 아니라 자의적 해석의 오류로부터도 교회를 보호할 것이라 의심치 않습니다.

다시 한 번 오랜 시간 동안 애써 주신 축성생활신학회 회원 한분 한분에게 진심어린 마음으로 감사드립니다. 여러분의 수고의 결실이 분명 많은 이들에게 도움이 될 것입니다. 그리고 이 도움이 한 개인을, 그리고 공동체를 변화시키는 밑거름이 될 것임을 확신합니다. 앞으로도 이런 노력들의 결실이 계속해서 축성생활신학회를 통해 이어지기를 소원합니다.

『축성생활 용어집』 발간을 축하드리며

정순택 베드로 주교
서울대교구 축성생활회 담당 교구장 대리

 2014년에 주교회의 천주교 용어위원회에서 편찬한 『천주교 용어집』(개정판)이 출판되어 교회 용어의 바른 사용에 큰 도움을 받고 있는데, 이번에 『축성생활 용어집』이 출판된다는 소식은 또 다른 기쁨입니다.
 마침 성청이 축성생활에 관한 제2차 바티칸 공의회 문헌 「수도생활 쇄신에 관한 교령」(Perfectae Caritatis) 반포 50주년을 맞아 2015년을 "축성생활의 해"로 반포한 것과 때맞춰, '축성생활 신학회'에서는 '축성생활에 관련된 용어'를 좀 더 폭넓고 자세히 설명한 용어집을 발간하게 된 것으로 보입니다.
 주교회의에서 발간한 『천주교 용어집』이 교회에 관련된 많은 용어들을 한 권에 담다보니, 축성생활과 관련한 항목들에 자세한 설명이 부족해 아쉬움을 느끼던 부분이 있었는데, 이번에 '축성생활 신학회'에서 펴내는 『축성생활 용어집』은 수도회, 재속회, 사도생활단과 관련된 다양한 용어들에 대해 좀 더 자세한 설명을 얻을 수 있어 크게 유용하다고 생각됩니다. 수도자들뿐만 아니라 교구 사제들과 모든 신자들께도 수도생활을 이해하는 데에 무척 유익하게 사용될 수 있으리라 봅니다.

'축성생활 신학회'는 축성생활과 관련된 학문(수도생활 신학, 수도승 신학, 교회법과 수도회법, 영성 신학 등)을 전공하신 남녀 수도자들이 여러 학문적 접근, 예컨대 학술 심포지움, 세미나와 강좌, 번역 및 저술 작업 등을 통해 한국 교회 안에서 축성생활에 관한 이해와 소통의 폭을 넓히는 작업을 해 오고 있는 신진그룹으로 알고 있습니다.

이번에 본 『축성생활 용어집』 발간은 '축성생활신학회'가 그동안 열성을 쏟아온 작업의 또 하나의 의미 있는 결실이라 생각됩니다. 앞으로 축성생활에 관한 이해와 공감을 넓혀 나가는 일에 큰 기여가 계속 이어지기를 기대합니다.

집 필 진

국춘심	성삼의 딸들 수녀회
기경호	작은형제회(프란치스코회)
박명진	꼰벤뚜알 프란치스코 수도회
백남일	한국 순교복자 성직수도회
우영성	작은형제회(프란치스코회)
이규용	미리내 천주성삼 성직수도회
정대현	미리내 천주성삼 성직수도회
허성석	성 베네딕도회 왜관수도원

약어표

1. 성경

성경 약어는 주교회의 성서위원회가 편찬한 성경 약어를 따름

2. 교회 문헌

교회	교회에 관한 교의헌장
주교	주교들의 교회 사목직에 관한 교령
수도	수도생활의 쇄신 적응에 관한 교령
평신도	평신도 사도직에 관한 교령
선교	교회의 선교 활동에 관한 교령
봉헌	봉헌생활. Vita consecrata를 '축성생활'로 번역함이 더 정확하지만 문헌 명칭으로는 독자들의 이해를 돕기 위해 이미 널리 알려진 대로 「봉헌생활」로 표기한다.
공동체	공동체의 형제생활
복음선교	현대의 복음선교
봉쇄	봉쇄 수녀원 봉쇄 규범 「따로 외딴 곳으로 가라」
사도들의 후계자	주교들의 사목 임무를 위한 지침
상호	상호관계
말씀의 신부	관상생활과 봉쇄 수녀원에 관한 훈령
수도자	수도자 양성 지침
본질적 요소	사도직 활동에 헌신하는 수도회에 적용할 수도 생활에 관한 교회 가르침의 본질적 요소
권위의 봉사	권위의 봉사와 순명

3. 외국어 약어

라	라틴어
영	영어
이	이탈리아어
희	희랍어

4. 부호

" "	인용문
' '	특수 용어, 강조어
「 」	교회 문헌
『 』	단행본
/	동의어 및 유사어 병기
< >	국내 사전 및 정기간행물
(→)	참고 항목 (참고하라)
⇨	이끔 항목 (가보라)

5. 외국 서적 및 사전

AA.VV.	여러 저자들
AAS	Acta Apostolicae Sedis
DDC	Dictionnaire de Droit Canonique, Paris 1965.
DIP	Dizionario degli Istituti di Perfezione, Paoline, Roma 1974-2003.
DTVC	Diccionario Teológico de la Vida Consagrada, Claretianas, Madrid 1992.
DTVCi	Dizionario Teologico della Vita Consacrata, Ancora, Milano 1994.
EVC	Enchiridion della Vita Consacrata, EDB-ANCORA, Bologna 2001.
Id.	같은 저자
Ibid.	같은 책

차 례

발간사 5

축사 7

축성생활 용어집 발간을 축하드리며 9

집필진 11

약어표 12

차례 14

일러두기 18

고행 21

공동체 21

공동생활/공동체 생활 21
형제체 22   형제/자매적 생활 23

교회 문헌 24

공의회 문헌 25   교황 문헌 25
교황청 부서의 문헌 27   정교 조약 문서 28
지역 교회의 문서 28

규범 /수도규칙 / 회칙 29

규범 29   수도규칙 30   회칙 32

규율수도회 33

그리스도를 따름과 본받음 34

금욕 37

독신 / 동정 / 정결 38

독신 38   동정 39   정결 39

면속 41

모원 43

복음 권고 44

복음적 철저성 48

복음화 49

본원 49

봉쇄 구역 50

봉쇄 해제 54

봉헌생활 57

분원 57

사도생활 57

사도생활단 58

사도직 61

사명 63

새로운 공동체들 65

서약 / 서원 / 선서 68

서약 68   서원 69

선교 71

설립자 72

성직수도회 / 성직자회 74

수도생활 76

수도승 / 수도승생활 77

수도승 77   수도승생활 79
독수도생활 80   회수도생활 80
혼합 형태 81

수도원 82

수도원 82   모원 83
본원 84   분원 84

수덕 85   수행 86

예수 추종 87

예언 88

은사 90

의전수도회 91

의전율수회 92

양성 95

계속 양성 96
입문 양성 97
초기 양성 97

장상 98

재설립 100

재속회 101

재속성 102

축성 봉헌 103

사도적 특성 104

재창설/재창립 105

증거 108

징표 110

창립자 110

창설자 110

총회 111

추인과 승인 113

추인 114   승인 115

축성생활 117

축성생활회와 사도생활단 성 123

평수사회 126

평의회 129

평신도회 131

표시 131

표지 131

표징 132

합체 135

형제수도회 136

혼합수도회 137

회헌 140

일러 두기

1. '추천 용어'는 현재 일반적으로 쓰이는 용어의 정확한 의미와 용법 및 정확하지 않은 용어를 밝히고 혼란이 있는 용어들을 설명하는 것 외에도 바람직한 표현으로 본 학회가 추천하는 용어이다.

2. 사도 베드로의 후계자를 가리키는 말로 일반적으로 '교종'敎宗이라는 용어를 쓰되 맥락에 따라, 예컨대 문헌과 관련된 표현들이나 기구의 명칭 같은 경우에는, '교황'敎皇이라는 용어를 함께 쓴다.

3. 외국어 표기 중 기울임체는 외국어 문헌 제목과 그리스어를 로마자 알파벳으로 음역한 경우이다.

축성생활 용어집

고행 ⇨ 수행

공동체 共同體 라 comunitas 영 community

'같음'을 뜻하는 라틴어 comunitas는 '같은', '공동의', '모두에게 공유되는'이란 라틴어 형용사 communis에서 유래한 말로, 보통 동일한 이상이나 목표, 그리고 그것을 이루기 위한 수단을 공유하는 단체나 집단을 가리키며, 혈연이나 지연, 다양한 이해관계로 맺어진 공동체가 있는가 하면, 신앙으로 맺어진 신앙공동체도 있다. 그리스도교적 의미로 공동체共同體란 그 말이 의미하는 대로 '한 몸'이라는 뜻이다. 즉 '그리스도 안에 한 몸'이라는 말이다. 이 몸의 머리는 그리스도이시고 우리는 그 지체들로서 그리스도를 중심으로 모여 한 몸을 이룬 것이 신앙공동체이다. 수도공동체는 바로 신앙공동체의 한 형태이다.

공동생활/공동체 생활 라 vita communis 영 community life

신앙인들이 그리스도를 중심으로 모여 한 몸을 이루며 사는 생활을 가리킨다. 사도행전에 묘사된 초기 예루살렘 공동체가 좋은 예이다(참조: 사도 2,42-47; 4,32-37). 초기 그리스도인들은 모든 것을 공동으로 소유하며 기도와 봉사에 전념하면서 한 마음 한 뜻이 되어 나눔과 친교의 공동체 생활을 했다. 이것이 초기 공동체 생활의 모습이었고 이후 그리스도교 공동체의 항구한 이상이 되었다. 여기서 말하는 공동생활vita communis이란 단순히 한 장소에 모여 사는 사회의 특정 단체나 집단생활과는 근본적으로 다르다. 이 용어는 초기 그리스도교 수도생활에서 은수생활隱修生活 vita solitaria이나 독獨수도생활vita anachoreta과 상반되는 개념으로 사용되어 온 것으로 공동체 생활을 내포하고 있다.

(→ 공동체)

형제체 兄弟體 라 fraternitas 영 fraternity

라틴어 '프라테르니따스'fraternitas는 12세기 말에서 13세기 초에 걸쳐 일어난 가난 운동, 회심 운동들, 그리고 탁발 수도회들의 태동과 함께 일반적으로 사용하게 된 용어이다. 공동체 comunitas보다도 더 구성원들 간의 형제적 관계에 강조점을 두고 있는데, 최근 창설되는 여러 수도회에서도 이 용어를 선호하는 경향이 있다.

* 추천 용어: 형제 공동체

형제/자매적 생활 라 vita fraterna 영 brotherly/sisterly life

'공동체 생활'과 다소 혼용되고 있어 이 두 용어를 명확히 구분하기는 쉽지 않다. 단지 공동체 중심인가, 회원들 상호 간의 관계 중심인가에 따라 표현 방식에서 차이가 있다. '공동체 생활'은 창설자의 카리스마를 공동체 안에서 보다 구체적으로 살기 위해 마련된 다양한 외적 제도들을 따르며 공동체의 삶을 중심으로 이루어지는 삶이라고 할 수 있다. 반면, '형제적 생활'은 공동체의 삶이긴 하지만 어떤 특정 수도원이나 제도적 공동체보다는 회원들 간의 긴밀한 관계에 중점을 두고 공동체적 삶을 살아가는 형태라 할 수 있다. 곧 공동체의 외적, 제도적 차원의 생활이라기보다는 구성원 상호 간의 관계적-내면적 차원을 강조하고 거기에 집중하는 생활이다. 그래서 제도적으로는 장상-수하의 수직적 구조가 있지만, 장상을 '봉사자'나 '섬기는 자' 등의 호칭으로 부르면서 회원들 상호 간의 형제자매적 관계를 부각시키고 그런 차원에서 공동체 생활을 해나가는 삶이다.

(→ 공동체 생활)

* 추천 용어: 형제 공동체 생활

[우영성]

교회 문헌 教會文獻
라 documenti ecclesiastici 영 documents of the Church

교회 문헌은 시대에 따라서도 매우 다양한데, 넓은 의미로 교회의 합법적 권위에 의한 공식적인 문서들을 말하며, 좁은 의미로는 교황청 각 부서에서 발송하는 문서를 가리킨다. 교회 문헌은 크게 공의회 문헌, 교황 문서, 교황청 부서의 문서, 정교 조약 문서, 지역 교회의 문서로 구분되며, 발령자나 법적인 성격 여부에 따라 문헌의 중요성이 다르다. 따라서 각 문헌들의 본질과 특성에 대해 잘 이해할 필요가 있다. 여기서는 현대의 교회 문헌을 중심으로 살펴본다.

교황 문서와 교황청 부서의 문서의 명칭들은 입법 행위와 행정 행위에 따라서 헌장constitutio, 교황령constitutio apostolica, 교령decretum, 선언declaratio, 자의 교서motu proprio, 친서chirographa, 답서rescriptum 등으로 구분된다. 한편 사목 차원에서는 회칙encyclica, 교황 교서litterae apostolicae, 교서litterae, 교황 권고adhoratio apostolica, 권고adhoratio, 담화nuntius, messaggio, 연설discorso, 강론homilia, 훈화allocutio 등으로 구분된다. 또한 교황의 문서들은 사안의 중요성과 문서의 형식과 봉인의 형태에 따라 칙서bulla와 소칙서brevis로 구별된다. 칙서는 교황 문서 중 가장 장중한 형식의 것으로서 매우 중요한 사안을 다룬 문서이다. 소칙서는 칙서보다 덜 중요한 사안을 다룬 덜 장엄한 형식이다. 적용 범위에 따라 보편 교회를 대상으로 하는 보편적 문헌과 지역 교회나 개별 사안 또는 개인에 관한 개별 문헌으로 나뉜다.

공의회 문헌 라 documenti conciliorum

공의회concilium란 신앙, 윤리, 규범 등 종교적인 문제를 다루는 주교들의 회합을 말하는데 여기서 나온 문헌을 공의회 문헌이라 한다. 헌장constitutio은 공의회 문헌 중 가장 중요한 문헌들로서 주로 어떤 사물에 대한 교회의 교의를 진술하는 것이다. 교령decretum은 헌장의 실행 지침이다. 선언declaratio은 잘 알아 두어야 할 것들에 대해 밝힌 문서이다.

교황 문헌

'헌장'은 보편 교회나 지역 교회와 관련된 매우 중요한 사안에 대한 교황의 결정을 말하며 주로 장엄한 칙서로 전달된다. 주로 교회의 신앙, 관습, 일반법과 특별법, 교구 설립과 분할 등 중요한 문제에 관한 것이다.

교황이 보내는 서한은 교황령, 답서, 교황 교서로 구분된다. '교황령'은 교황이 보편 교회를 향하여 매우 비중 있는 교의敎義, 또는 규율 문제들에 관하여 자신의 이름으로 발표하는 가장 장엄한 형식의 법률 문서이다. 「거룩한 규율법」*Sacrae Disciplinae Leges*(1983.01.25)이 그 예이다. '교황 답서'rescriptum는 교황이 어떤 이의 청원에 응답하여 혜택이나 관면을 서면으로 수여하는 행정 행위를 말한다. '교황 교서'litterae apostolicae는 매우 중요한 사안을 다루며 칙서나 소칙서의 형식을 갖추지 않은 교황의 서한이다. 주로 교황이 교사로서, 그리고 목자로서의 역할을 수행할 때 사용한다. 이는 주교들과 같이 특정한 범주의 사람들에게 보내지는 행정 문서이다. 「제삼천년기」*Tertio Millennio Adveniente*(1994.11.10)가 그 예이다.

교황이 보내는 서한 가운데 '교황 교서'는 다시 회칙, 교황권고, 자의 교서, 단순 서한, 친서로 나뉜다. '회칙'回勅 encyclica은 장엄한 회람 형식의 것으로서 교의, 윤리, 사회 문제들에 관하여 주로 전 세계 교회 주교들이나 성직자들을 대상으로 반포한다. 「노동헌장」*Rerum Novarum*(1891.05.15)이 그 예이다. '교황 권고'는 교황이 교사요 목자로서 교도敎導의 책임을 느껴 교회가 가야 할 진로를 제시하고 전 세계 교회의 반성을 촉구하며 모든 신자들, 즉 가톨릭교회의 모든 주교들과, 성직자 및 평신도들의 협력을 권고, 제안, 지시하는 이례적이고 중요한 교황의 서한이다. 「봉헌생활」*Vita Consecrata*(1996.03.25) 문헌이 여기에 속한다. '자의 교서'는 교황이 자신의 권위에 의거하여 전체 교회의 특별하고 긴급한 문제에 응하기 위해 자의적으로 작성하고 서명하여 발표한 문서이다. 이는 '헌장'보다는 조금 가벼운 규율 문제를 다루는 집행적 성격을 가지며 단순한 교령의 형식을 갖춘다. 「성교회」*Ecclesiae Sanctae*가 이에 속한다. '단순 서한'litterae apostolicae simplices, brevetti은 교황이 직접 서명하지 아니한 서한이다. '교황 친서'는 교황이 직접 썼거나 적어도 직접 서명한 서한이다. 교회 업무 조정에 관한 지침으로서 보통 추기경에게 보내며, 국가의 지도자나 특별한 경우에 교계의 특별한 구성원들에게 보낸다. 그 밖에도 교회의 다양한 교의와 신앙을 재천명하는 '장엄 신앙 선서', 공포의 가장 장엄한 형식인 '교령적 서한', '추기경회의consistorium 연설', '강론', '담화', '답신', '축전', '대사 임명장' 등이 있다.

교황청 부서의 문헌 documenti curiae Romanae

교황청의 각 성省과 위원회는 다음과 같은 다양한 형태의 문서를 낸다. 곧, 입법과 행정 행위인 '교령', 각국 주교회의나 주교에게 보내며 법률의 규정을 명확히 하고 이것의 집행 중에 지켜야 할 방식을 상술하고 결정하는 것으로서 하급 권위자들을 법률의 집행 중에 구속하기는 하나 법적 효력은 없는 '훈령'instructio, 특정 사건 또는 개인에 대한 답서인 '회신'responsum, 이미 있는 법이나 교의에 대한 유권 해석인 '선언'declaratio, '문헌'documentum, 법률을 개정하지는 않는 '지침'directorium, '공지'notificatio, '회람'litterae circularis, '서한'litterae, '규정'regulation, '신앙 선서', '헌장' 등이다.

'교령'에는 「수도서원 예식」*Professionis ritus*(1970.02.02), '훈령'에는 「수도자 양성 지침」*Potissimum Institutioni*(1990.02.22), 「그리스도에게서 새롭게 출발하기: 제삼천년기 봉헌생활의 새로운 투신」(2002.05.19) 문헌이 있다. '지침'으로는 「상호관계」*Mutuae*

*Relationis*를 들 수 있고, '문헌'으로는 「공동체의 형제 생활」 *Fraternal Life in Community*(1994.02.02)을 들 수 있다.

정교 조약 문서 documentum concordati

로마 교황청이 다른 국가들과 맺는 정교 조약 체결시 작성되는 일련의 문서들을 말한다. 예컨대, 로마 교황청은 1929년 2월 11일 이탈리아 정부와 바티칸 시국 사이에 라테라노 조약을 체결하였다.

지역 교회의 문서 documenti ecclesiae particularis

주교회의가 보편법이 규정하였거나 사도좌가 자의로나 주교회의의 청원에 의하여 특별히 위임한 사항에 대하여 제정한 '개별 입법 교령'(교회법 456조), '교구 사목지침서', 교구장의 각종 입법 교령(466조), 지역 교회의 사제생활 지침서, 사제 양성 지침서 등이 있다. 또한 각 지역이나 교회 내의 단체들의 고유법과 특별법도 있다.

[참고 문헌]
 Morrisey F. G., O.M.I., *Papal and Curial Pronouncements: Their Canonical Significance in Light of the 1983 Code of Canon Law*, Otawa, 1992.

[기경호]

규범/수도규칙/회칙

규범 規範 라 norma 영 norm

규범規範이란 일반적으로 진·선·미 등에 대한 가치 판단과 평가의 척도가 되는 것을 말한다. 규범은 일정한 조직체가 목표나 이상을 실현하기 위해 필요한 것으로서 그 구성원들에 의해 받아들여지고 기대되는 규칙이나 행동 양식을 일컫는다. 사회 규범社會規範은 사회 구성원들이 공동선을 추구하며 생활해 가는 데 있어 구성원 모두에게 공통으로 요구되는 도덕·관습·법률 규범을 총칭한다. 사회가 발전하고 거의 모든 분야가 전문화하고 복잡해지면서 공동선과 평화로운 질서 유지를 위해 다양한 사회 규범이 요청되었다. 그 가운데서도 특히 강제성을 띤 법률이라는 사회 규범이 더 중요하게 되었다. 사회 규범의 하나인 법 규범法規範은 법이나 법률과 거의 같은 개념이지만 규범이라는 특성을 고려한 개념이다. 법 규범은 사람 사이의 관계에 관한 행위를 다루는 규범이다. 이는 사람 사이의 내면 관계를 다루는 도덕 규범이나 신과 인간의 관계를 다루는 종교 규범과 다르다. 수도자들에게 적용되는 규범이란 성경, 교회 문헌, 교도권의 지침과 가르침, 수도규칙과 회헌을 포함한 수도회 고유의 각종 법규와 관습 등을 포함한 매우 광범위한 내용을 가리킨다.

수도규칙 修道規則　라 regula 영 religious rule

수도생활에 있어서 성 베네딕도, 성 아우구스티노, 성 프란치스코 등 수도회 창설자가 작성한 고유한 생활 양식이 담긴 규범을 '수도규칙', '규칙서', '규칙' 등의 명칭으로 부른다. '수도규칙'이란 용어는 라틴어로 '레굴라'regula인데, 그리스도교적인 관점에서 다양한 의미를 내포하고 있다. 곧, 신앙의 규칙, 그리스도인의 생활 방식에 관한 규정, 교회 규율의 규정 또는 규정집, 전례 규정들의 총체, 보속과 회개, 수덕 생활에 관한 가르침과 모범, 수도승 공동체에 의해 준수된 실천, 수도승 규칙, 수도승원, 참사회의 규칙 등이다.

수도규칙은 수도자들의 한 집단, 또는 여러 집단을 위한 생활 규범을 기록한 것이다. 나아가 수도규칙은 수도생활의 핵심을 이루는 영적 체험들을 요약한 것이기에 창설자가 살았고, 증언하였으며, 그의 제자들이 이어가기를 바랐던 카리스마를 이어가기 위한 통로이다. 수도규칙은 고유한 카리스마와 전통을 담고 있지만 한편으로는 시대의 징표를 읽어 그에 적용되고 쇄신되면서 더욱 풍요로워져야 한다. 수도규칙은 그 자체 때문이 아니라 내재해 있는 영적 체험을 전달해 주는 힘으로 인해 생명력을 지닌다. 수도규칙은, 교회의 변함없는 전통과 의식 안에서, 일반적으로 생각하는 것과는 달리 법규들의 모음이 아니라 오히려 복음을 사는 일련의 태도이다. 수도규칙은 복음을 사는 독특한 방식을 소개하는 영적인 문서이자 지침인 것이다. 복음을 사는 다양한 방식과 특징들이 있기에 그에 따라 여러 수도규칙들이 있게 된다. 수도규칙은 회헌 등 기타 고유법규들의 해석을 위한 기본 원리를 제공하는 원천으로서 회헌의 상위 지침의 성격을 지니고 있다.

수도승원들의 개혁, 특히 클뤼니 개혁이 있었던 11세기까지는 '수도규칙'regula이라는 말만 사용되었다. 그런데 현대에 와서 수도규칙이란 용어를 회헌과 같은 뜻으로 쓰기도 하고, 때로는 수도규칙을 근본 법규로, 회헌을 보충 법규로, 그리고 아주 드물게는 회헌의 보충 법규란 뜻으로도 쓰였다. 19세기부터 로마 법학은 새로운 회들의 근본 규범을 회헌으로 본 반면에 수도승원들, 의전 공주사제단, 탁발 수도회들의 그것은 수도규칙이라 하였다.

1901년 6월 29일 '주교들과 수도자 성성'의 「규정」Normae은 수도회 내의 하위규범을 작성하는 원천과 기준으로 규정함으로써 '수도규칙'의 의미를 분명히 하였다. 우리말 용례를 보면, '수도규칙', '수도승 규칙', '규칙', '회칙', '회규' 등 일정하지 않다. '수도승 규칙'이란 용어는 수도생활의 수도승적인 기원, 즉 역사적인 이유에서 그렇게 부르므로 모든 수도규칙의 통칭으로는 적합지 않다고 본다. 또한 '회칙'이나 '규칙'이란 용어는 회헌의 하위 규범으로 오해할 여지가 매우 많고, 대부분의 일반 단체들 또한 일반적으로 이러한 용어를 쓰고 있다는 점에서 혼란을 불러일으킬 수 있다. '수도규칙서' 또한 수도규칙을 담고 있는 책을 가리키므로 규범으로서의 수도규칙과는 구별되어야 할 것이다. 따라서 '수도규칙'으로 부르는 것이 가장 적합하다 하겠다.

회칙 會則 라 directorium 영 directory

수도생활에 있어서 '회칙'會則이란 '보충 규범', '총규정', '지침' 등으로도 불리는데 '회의 관할권자에 의하여 제정된 회헌 이외의 규범들'(교회법 587조 4항)을 일컫는다. 다시 말해 회칙이란 회헌을 현실에 적용시키고 실행하기 위하여 제정된 회헌의 하위 규범을 가리킨다. 회칙에는 다음과 같은 규범들이 포함될 수 있다. 곧, 총회 개최 절차, 관면이나 허가의 신청 절차 등 각종 절차, 회의 정책, 총회나 의회 또는 관구회의 등의 결정 사항, 총장과 장상들의 명령 사항 등. 회칙은 장소와 시대의 요청에 따라 보통 회의 관할권자인 총장과 그 평의회 또는 총회에 의하여 적절히 개정되고 적응될 수 있다(587조 4항). '수도규칙'을 '회칙'으로 부르는 경우가 있는데 이는 잘못된 것이다.

(→ 회헌)

[참고 문헌]

AA.VV., in *DTVC*, 1538-1548; Alvarez Góméz J., *Historia de la vida religiosa*, 3, Madrid 1987; Lipinski I. J., *Rapporti fondamentali tra la Regola di san Francesco e la legislazione dei Frati Minori nel secolo XIII*, Roma 1975; *Mazón C., Las reglas de los religiosos. su obligación y naturaleza jurídica, Analecta Gregoriana, vol. XXIV, serie iuris canonici*, sectio A(n.3), Romae 1940; Naz R.(Directeur), in *DDC* Tome VII, 539-540; *Regole monastiche d'occidente. da Agostino a Francesco d'Assisi*, (Edoardo

Arborio Mella e Cecilia Falchini 역주), Magnano 1989; Turbessi G., *Regole monastiche antiche,* riedizione, Roma 1990.

[기경호]

규율수도회 ⇨ 의전율수회

그리스도를 따름과 본받음
라 sequela Christi/imitatio Christi 영 following Christ/imitation of Christ

'그리스도를 따름'이라는 개념은 수도생활의 본성과 정체성을 이해하기 위해 사용되어 온 가장 근본적이고 전통적인 표현들 중 하나이다(수도 2 참조). 사실 그리스도를 따른다는 것은 무엇보다 먼저 그리스도인 생활의 기본 요구다. 그리스도인 생활이라는 것은 그리스도를 따름 외에 다른 어떤 것으로 이해될 수 없기 때문이다. 따라서 그리스도를 따름이라는 모든 그리스도인의 보편적인 성소와 구분하여 수도생활의 독특한 생활 방식을 강조하려는 의도에서 그리스도를 철저히 따름에 대해 이야기하는 경향이 두드러진다.

복음에서는 일정한 사람들의 특별한 집단에 대해서, 즉 예수님의 선교 활동 중에 그분을 모시고 동반했던 제자들의 모임에 한해서 지속적으로 '예수님을 따름'이라는 말을 사용한다. 예수님을 따른다는 것은 그분의 제자가 되어 함께 머무르며, 그분과의 친교 안에 일치되고 더욱 깊이 그분의 인격적인 모습에 동화됨으로써 아무런 제약 없이 그분을 섬기고 그분의 운명과 사명에 함께 동참한다는 것을 의미한다. 이러한 의미에서 '따름'은 초기 그리스도교 기원에서부터 그 자체로 그리스도교 사상의 가장 중요한 본질을 보여 주는 개념으로서, 다양한 종교적 체험과 그 의미를 정교하게 해석해 주는 표현이기도 하였다. 하지만 파스카 사건 이후에, 물리적으로 예수님을 따른다거나 실질적으로 그분과 함께 머무는 것은 더 이상 가능한 일이 아니었다. 또한 엄밀한 의미에서 예수님을 따르는 일은 그분의 지상 생애에 한정된 것이며 그분의 첫 제자들의 모임과 관련된 사건이라는 이해에서, 이 개념이 함축하고 있는 내용이 부활하신 주님과 신자들을 연결해 주는 관계의 방식에 그대로 적용될 수는 없었던 것이다.

이러한 점에서 사도 바오로는 따름에 대한 재해석을 통하여 이전에 예수님과 제자들 사이에 맺어진 관계를 모든 신자들과 부활하신 주님과의 유대로 전이시키며, 파스카 사건 이후에 설정되는 새로운 관계를 의미하는 다른 표현들을 지속적으로 사용한다. 즉 그는 '본받음'imitazione, '동화'configurazione, 그리고 '닮음'assimilazione이라는 표현과 같이, 성사적·윤리적 차원에서 매우 풍부한 의미를 지닌 전문 용어들을 활용한다. 그리스도께서 혈육을 취하심으로써 인간의 조건과 운명을 함께 짊어지신 것처럼, 바오로도 자신의 직무를 수행함에 있어 다른 모든 이들의 선익을 위해 그리스도의 삶과 고난에 함께 참여함으로써 그분의 사업을 지속해 나간다. 모든 것에 있어 그리스도와 일치하기 위하여 그분의 고난에 동참하는 행위를 통해(필리 3,10-11), 바오로는 신자들 편에서 따라야 할 삶의 모델이 된다. 이러한 의도에서, 그는 자신의 삶을 통해 그리스도를 보여 주고 스스로가 그분을 본받는 사람(1코린 11,1)이 됨으로써, 교육적인 차원에서 중재자 역할을 하는 자신을 그리스도를 닮기 위한 본보기로서 신자들에게 소개한다. 이러한 점에서 바오로는 '본받음'이란 말을 사용하여 예수님께서 걸으셨던 삶의 여정과 그 역사에 대한 기억*anamnesis*을 상기시키며, 세례성사를 통해 그리스도와 함께 일치를 이루게 되는 삶의 여정을 묘사하는 동시에 그리스도께서 보여 주신 삶을 신자들을 위한 교육적인 차원에서 해석해 가는 가운데 그리스도를 본받음에로 초대하는 것이다.

수도생활 안에서 그리스도를 따름이라는 개념과 관련하여 제2차 바티칸 공의회와 그 이후의 교회의 가르침에서는 '따르다'와 '본받다'라는 동사를 구별하지 않고 동의어로 간주하여 사용하기도 한다. 전자가 분명하게 예수님의 뒤에서 걸어가는 것을 표현한다는 점에서 내적인 결단과 실제적인 행위를 수반하는 외적 여정을 나타내는 말이라 한다면, 후자는 모든 그리스도인의 생활의 모범으로서 예수님의 삶의 특징적인 것들을 재현하려는 윤리적 혹은 신비적인 노력을 강조하는 말이다. 이러한 점에서 신학자들은 성경에서 자주 사용되는 더욱 생생하고 역동적인 특성을 드러내는 개념으로서 '본받다'보다는 '따르다'라는 표현을, 그리고 명사형보다는 동사를 더욱 적합한 것으로 보는 경향이 있다. 즉 '따르다'라는 말로서 새로운 시대적 환경 안에서도 그리스도교 공동체가 계승해야 할 본연의 모습으로서의 예수님의 여정을 실현 가능하게 하는 지속적인 동기화 및 쇄신과 현재화의 과정이 더욱 적절히 표현될 수 있다고 보는 것이다.

[참고 문헌]

Alonso S. M., *La vida consagrada. Síntesis teológica*, Madrid 2001; Proietti B. – Matura T., *Sequela Christi e Imitazione*, in *DIP*(8), 1287-1314.

[백남일]

금욕 ⇨ 수행

독신/동정/정결

독신 獨身 라 caelibatus 영 celibacy

  전통적으로 수도생활을 종종 애정적·성적 차원에서 독신생활, 동정생활, 정결생활, 또는 금욕생활로 불러 왔는데, 이것들은 수도생활을 이루는 요소들로서 제2차 바티칸 공의회 이후의 문헌에서 계속 다양한 방식으로 수도생활과 연관되어 사용되고 있다. 하지만 이는 언어학적·신학적 차원에서 애매함이 있다. 원래 혼인하지 않은 사람의 사회적 신분을 가리키는 독신獨身은 그 자체로서는 축성생활의 고유성이나 본질적 차원의 내용이라기보다는 사회적 차원의 외적 형식에 해당한다. 사실 축성생활에서의 독신은 그리스도와 하느님 나라를 동기로 하는 자발적 결단이자 하느님과 많은 사람에게 열린 보편적 사랑을 목적으로 하는 능동적 선택으로서 신학적 차원의 본질적 의미를 지닌다. 따라서 전통적으로 그리스도와의 영적 혼인이라는 신비 신학적 개념과 종말론적 차원에서 가치를 가진다.

(→ 동정, 정결)

동정 童貞 라 virginitas 영 virginity

사전적 의미로는 신체적 차원에서 이성異性과 한 번도 성관계를 하지 아니한 상태, 또는 그런 사람을 지칭한다. 그러나 수도생활에서 중요시하는 신학적·윤리적 차원은 반드시 신체적 차원과 일치하는 것은 아니다. 실제로, 신체적으로는 동정이지만 심리적으로나 윤리적으로는 그렇지 않은 사람이 있을 수 있고 그 반대도 있을 수 있다. 하느님과의 독점적 사랑의 관계라는 관점에서 보는 신학적 차원에서는 동정이 정결과 거의 동의어로 이해될 수도 있다. 반면에 정결이 신체적 차원에 국한되지 않고 배우자에 대한 충실한 사랑이라는 마음 자세를 가리킨다는 점에서 동정과 정결은 구별된다. 결국 본질적인 것은 충실한 사랑이기에 신체적 동정 자체가 수도생활의 필수 요소로 요구되지는 않는다.

(→ 독신, 정결)

정결 貞潔 라 castitas 영 chastity

하느님이 주신 성性을 합당한 방법으로 사용한다는 점에서 정결은 축성생활자만이 아니라 모든 그리스도인에게 해당되는 중요한 덕이다. 각자가 미혼자나 기혼자인 평신도, 성직자, 축성생활자라는 자신의 신원 안에서 각자의 소명에 맞는 방식으로 정결의 덕을 실천해야 하는 것이다. 결국 신체적 동정상태나 독신 여부와 상관없이 하느님 안에서 모든 사람이 정결의 삶으로 부름받고 있다. 복음 권고의 선서를 통해 완전한 사랑을 지향하는 축성생활자들은 '하느님 나라를 위한 독신'이라는 형태로 정결을 산다. 곧 그리스도께 충실하고 나누임 없는 오롯한 사랑을 바치며 인간에게 헌신적인 사랑으로 투신함으로써 정결한 삶을 증언하는 것이다. 이런 의미에서 정결 서원을 사랑의 서원이라고 풀이하기도 한다.

(→ 독신, 동정)

[우영성]

면속 免屬 라 exemptio 영 exemption

　면속이란 전통적으로는 교회 내의 일정한 사람, 장소, 사물 등이 교종의 권한에 속하게 되는 것을 말한다. 면속은 사람이나 장소를 교구 직권자의 관할권에서 벗어나게 하여 교종이나 다른 교회 권위(예컨대 총대주교)에게 종속시키는 것을 말한다(교회법 591조; 교회 45). 면속은 주로 수도회 내부 질서에 관련되며, 그 질서로 수도회의 모든 것이 조화를 이루고 수도생활의 발전과 완성에 이바지하게 하여야 한다(주교 35,3). 면속은 회들의 선익과 사도직의 필요성이 더 잘 배려되도록 하기 위한 것이며, 공동 유익의 관점에서 부여되어야 한다(591조; 주교 35). 이처럼 면속의 개념은 사목적인 관점에서 수도회들이 자신들의 고유한 임무를 보다 효과적으로 수행할 수 있도록 교구장 주교의 관할권을 다른 권위에로 이전하는 것을 뜻한다.

　현행 교회법에 따르면 교구 직권자들은 축성생활회들의 생활의 정당한 자치, 특히 통치의 자치와 고유한 규율의 향유, 세습 자산의 보존과 같은 자치를 보존하고 보호할 소임이 있다(586조). 교구 설립회들은 이러한 자치가 인정되지만 교구장 주교의 특별 배려 아래 있다(594조). 예컨대 교구장 주교는 교구 설립회들에 대해 개별적인 경우에 회헌에 대한 관면을 줄 수 있고(595조 2항),

총회에서 선거를 주관하며, 회의 재산을 감독할 권한이 있다. 그러나 성좌 설립회들은 내부 통치와 규율에 관하여 직접적이며 독점적으로 사도좌에 종속된다(593조). 따라서 기본적으로는 성좌 설립회들은 교황권에 종속되므로 면속이 인정된다고 할 수 있다. 그렇지만 성좌 설립회들이라 해도 교구장의 권한에서 배타적으로 제외되는 면속이 부여되지는 않으며 그 면속에 일정한 한계가 있다.

면속 특권을 부여받은 수도회이든 아니든 모든 수도자는 사도들의 후계자인 주교를 진실한 순종과 존경으로 따라야 한다(주교 35,1). 면속 회라 하여도 지역 교회와의 협력을 위해 교구장 주교의 사목 방침을 존중하여야 하며, 하느님 예배의 공적 수행, 영혼들의 사목, 사람들에게 하는 거룩한 설교, 그리스도인 특히 어린이들의 종교 도덕 교육, 교리 교육과 전례 교육, 성직자 신분의 품위, 거룩한 사도직의 수행에 관련되는 온갖 활동에서 지역 직권자들의 권한에 종속된다(678조; 주교 35). 그 밖에 축성생활회가 교구 직권자의 통치권에서 면속되더라도 교구장에게 종속되는 경우는 다음과 같다. 수도원 설립 시에는 교구장의 사전 서면 동의를 받아야 한다(609조 1항; 611조). 또한 교구장에 의하여 수도자들에게 위탁된 사업은 그 주교의 권위와 지도에 종속된다(681조 1항). 신자들이 늘 다니는 성당이나 경당이나 학교 및 기타 수도자들에게 위탁된 종교 사업이나 자선 사업을 교구장은 사목 순시할 수 있다(683조).

그러나 주교는 법 규범에 따라서, 특정 수도회들에 주어진 면속을 존중하여야 한다(교회 45; 참조: 주교 35; 교회법 591; 732조). 주교는 수도회들의 공동 규율을 개별 회원들과 관련해서도 열심히 수호하면서, '축성생활회와 사도생활단'의 자율성을 마땅히 존중하고 다른 사람들도 이를 존중하게 하여야 하며, 그들 수도회 생활과 운영에 간섭하지 말고 그들의 설립 은사를 권위적으로 해석하지 말아야 한다(사도들의 후계자 100). 주교는 축성생활자들이 언제나 설립자의 은사에 충실하면서, 교구의 요구에 영성적, 사목적 측면에서 기꺼이 더욱 효과적인 협력을 할 수 있도록 그들을 지원하는 데에 관심을 기울여야 한다(봉헌 49 참조).

[기경호]

모원 ⇨ 수도원

복음 권고 福音 勸告
라 consilia evangelica 영 evangelical counsels

그리스도께 대한 특별한 추종의 생활은 역사적으로 다양한 형태를 통해 표현되어 왔다. 철저한 포기와 세상으로부터의 완전한 격리로 특징지어지는 초기 수도승 생활에서는 고독, 금욕, 보속, 지속적인 기도에 대해서 우선적으로 묘사할 수 있겠다. 뒤이어 삶의 친교라든가 인격적인 소유에 대한 단절이라 할 독신, 그리고 순명과 같은 공적인 의무로써 표현되기도 하였다. 하지만 흔히 일컫는 정결, 가난, 순명의 세 가지 복음 권고에 대한 고전적 정식이 처음으로 등장하게 된 것은 파리의 S. Genoveffa(1148) 의전율수회의 서원 양식과 삼위일체회Trinitari의 규칙서(1198)를 통해서일 것이다. 그리고 수도생활의 모든 형태 안에서 본질적인 요소로서 가난, 정결, 순명을 공적으로 명백하게 이야기하기 시작한 것은 13세기 성 토마스 아퀴나스에 이르러서이다. 이때부터 복음의 가르침을 집약하는 본질적인 요소로서 이 세 가지 탁월한 덕목들은 복음 권고라 불리게 되었다.

사실 성경에서 '권고'*gnóme*라는 말은 코린토 1서 7장 25절과 40절에서 사도 바오로가 동정virginitas과 관련하여 이 단어를 사용하는 것이 유일한 사례이다. 여기서 '권고'란 하느님의 계명과는 구분되는 것으로, 비록 사도로서의 권위를 통한 가르침일지라도 인간적인 견해를 가리키는 말로서 사용된다. 역사적으로도 '권고'라는 말은 '계명'이라는 말과 구분되어, 모든 그리스도인에게 의무 지워진 하느님과 이웃에 대한 사랑의 일차적 계명에 더욱 쉽게 도달할 수 있도록 애덕 실천에 장애가 되는 것들을 제거하기 위한 것으로서 이해되었다. 이는 특정 부류의 사람들에게만 요청되는 이차적인 계명으로 간주되었던 것이다. 또한 '계명'과 '권고'에 대해 말할 때, '계명'이 의무적으로 요구되는 명령과 같은 것이라면, '권고'는 자발적으로 실천하는 행위로 선택할 수도 거부할 수도 있는 것으로 여겨지기도 하였다.

하지만 '계명'과 '권고'는 둘 다 하느님에게서 나오는 사랑의 선물이다. 또한 하느님의 사랑을 자유롭게 받아들이고 이에 부응하려는 인간 편에서의 사랑의 실천이며 표현인 것이다. 그리고 복음 권고들은 복음의 본질적인 내용이며, 사랑의 새 계명이 요구하는 것에 대한 적합한 응답을 표현한다는 점에서 어느 누구의 배타적인 전유물이 될 수 없다. 다만 수도자들은 복음 권고의 선서를 통하여 그리스도를 자신들의 삶의 중심으로 삼아 일상의 삶을 버리고 그분과의 친밀한 관계로 들어오라는 초대에 응답한다. 이 특별한 친교의 은총이야말로 축성생활에서 복음 권고의 선서를 통한 자기 봉헌을 가능하게 하고 또 이를 요구한다. 복음 권고들은 단순한 포기 이상의 것으로 교회 안에서 살아가는 그리스도 신비를 구체적으로 받아들이는 것이다(봉헌 16 참조). 따라서 축성생활에서 복음 권고는 삶의 근본적인 가치들에 대한 철저한 포기를 필연적으로 수반하지만, 무엇보다 정결하시고 가난하시며 순명하시는 그리스도의 생활에 동화되는 삶을 지향하게 함으로써 하느님 아버지와의 관계 안에서 강생한 말씀이신 예수님의 생활 양식과 행동 방식에 대한 살아 있는 기념이 되도록 도와 주는 수단이라 하겠다.

이와 더불어 복음 권고들을 표현하는 용어나 배열 순서는 시대적으로, 또는 문헌이나 각 수도회의 규칙과 회헌에서 부여하는 중요도나 그 우선적 가치에 따라 다양하게 나타날 수도 있다. 가령, 정결과 관련해서 공의회 문헌에서조차 '동정' 혹은 '독신', '완전한 금욕'continentia perfecta(교회 42; 수도 12), '하느님께 축성된 정결'castitas Deo dicata(수도 12), '하늘나라를 위한 정결'castitas propter Regnum caelorum(수도 1), '정결의 서약' 등으로 표현하고 있다(→ 독신, 동정, 정결). 한편 가난, 혹은 청빈 역시 프란치스코의 규칙에서는 "소유 없이"sine proprio라는 표현으로 나타나고 있다. 또한 S. M. Alonso는 순명이 지니는 두 가지 차원에 따라, 즉 하느님과의 관계에서 이루어지는 '순종'obbedienza과, 법이라든가 권위, 혹은 인간적인 중재 역할을 수행하는 것과의 관계 안에서의 '순종'sottomissione을 구분지어 설명하기도 한다. 복음 권고의 순서에 관련해서도 많은 수도회 회헌들이나 13세기 이후의 영성 서적들 안에서는 가난, 정결, 순명의 순서로 나열되는데, 일반적으로 이를 '전통적인 순서'라고 일컫기도 한다. 이러한 배열 순서는 물질적인 재화의 포기와 같은 외적인 노력에서 시작하여, 자기 자신을 자유로이 의탁하는 내적인 행위를 향해서 나아가는 과정을 표현하기에 보다 적합하고 논리적인 것이라고 설명한다. 하지만 제2차 바티칸 공의회 이후의 교회 문헌들에서는 위의 전통적인 순서를 따르지 않고, 대체로 정결, 가난, 순명의 순서로 제시하고 있다. 물론 이러한 복음 권고들의 배열 방식 자체에 대해서 절대적인 의미를 부여할 수는 없겠지만, 천상 은총의 고귀한 선물로서 축성된 정결(교회 42 참조)에 대해 특별히 우선적인 가치를 부여하고 있다는 것은 분명해 보인다.

[참고 문헌]

Alonso S. M., *La vida consagrada. Síntesis teológica*, Madrid 2001; Aubry J., *Teologia della vita religiosa alla luce del Vaticano II*, 2a edizione riveduta e arricchita, Torino 1980; Pigna A., *La vita consacrata. Trattato di teologia e Spiritualità. I. Identità e missione,* Roma 2002; Recchi S., *Consacrazione mediante i consigli evangelici. Dal Concilio ad Codice*, Milano 1988; Rovira J., *Consigli evangelici e vita consacrata*, Roma 2005.

[백남일]

복음적 철저성 福音의 根本主義
라 radicalismus evangelicus 영 evangelical radicalism

어원적으로 식물의 뿌리radix에서 파생된 이 '철저성'radicalismus이란 말은, 우선 뿌리까지 이르는 철저함, 어떤 가치의 본질적이고 근본적인 차원을 추구하는 태도를 가리킨다. 이를 복음에 적용한다면 복음의 가치를 그 뿌리까지 철저하게, 본질적인 차원에서 살고자 하는 태도가 된다. 곧 복음이 제시하는 본질적 요소를 통해 복음을 더욱 철저히 살고자 하는 자세이며, 하느님의 우선적이고 독점적인 위치를 전적으로 인정하고 그에 따라 사는 생활이다.

이는 모든 그리스도인에게 요구되지만, 각자의 부르심에 따라 복음적 철저성을 사는 구체적 삶의 형태는 다양하다. 복음에 깊이 뿌리를 두고 있는 수도생활의 경우, 복음 권고들의 선서를 통해서 예수님의 생활 방식을 재현하고, 그분의 마음을 본받음으로써 그분과 하나가 되고자 하는 열망, 그리고 그분께서 직접 실천하시고 제자들에게 제시하셨던 생활 방식을 자신의 것으로 삼는 일 등일 것이다. 복음적 철저성의 척도는 인간을 위해 자신을 내놓으시는 하느님을 보여 주는 십자가 위의 예수님이다. 곧 복음의 근본적 본질을 사는 길은 인간을 위한 하느님 사랑의 표지로서 예수님처럼 자신을 통해 하느님의 얼굴이 투명하게 드러나도록 함에 있는 것이다.

이런 의미에서 요한 바오로 2세의 권고 「봉헌생활」에서는 수도자들이 그리스도께 동화되어 감을 언급하면서 "철저성"radicalismus과 함께 "보다 더"magis라는 표현을 풍요롭게 활용하고 있다. 그러나 이것은 복음적 철저성과 관련하여 수도생활이 다른 그리스도인 삶보다 더 우월하다는 것을 뜻하는 것이 아니다. 수도생활의 특수성은 수도자들이 자신의 생활로써 그리스도의 인격과 가르침을 표현하고자 하는 열정이나 그들이 지향하는 삶의 '중심성'에서 비롯되는 것이다.

[참고 문헌]

Boisvert L., *Temi di vita consacrata*, Bologna 2005; Ciardi F., *Il radicalismo evangelico della vita consacrata e il suo sviluppo storico «In ascolto dello Spirito»*, in AA. VV., *Consacrati da Dio, dono alla Chiesa e al mondo. Approfondimenti sull'Esortazione Apostolica Vita Consecrata*, a cura di CISM, Roma 1997; Id., *Spunti di lettura ecclesiologica della Vita Consecrata*, in AA. VV., *Vita Consecrata. Una prima lettura teologica*, Milano 1996; Maggioni B., *Alle radici della sequela*, Milano 2010; Matura T., *Radicalismo evangelico*, in *DTVCi*, Milano 1994, 1455-1469.

[백남일]

복음화 ⇨ 사명

본원 ⇨ 수도원

봉쇄 구역 封鎖區域 라 clausura 영 cloister

봉쇄 구역은 수도자가 자기 수도원에서 자유로이 나가거나 외부인이 허가 없이 들어갈 수 없도록 정한 수도자들만의 특정한 공간을 말한다. 곧, 한 수도회의 성격과 사명에 맞추어 언제나 회원들에게만 유보하도록 수도회 고유법으로 정한 수도원의 일정한 부분을 말한다(교회법 667조 1항). 봉쇄 구역은 우선적으로 철저한 관상생활의 표징이며 보호 수단이고 형태이다(말씀의 신부 10). 따라서 관상생활을 지향하는 수도승원에서는 더욱 엄격한 봉쇄의 규율이 지켜져야 하며, 관상생활을 지향하는 수녀승들의 수도승원은 사도좌가 정한 규범에 따른 사도좌 봉쇄 구역을 지켜야 한다(667조 1-2항).

그 밖의 수녀승들의 수도승원은 그 회의 성격에 맞추어 회헌에 규정된 봉쇄 구역을 지켜야 한다(667조 3항). 왜냐하면 봉쇄 관상생활은 산에서 기도하시는 예수 그리스도와 그분의 파스카 신비에 구체적이며 근본적으로 부합하며(교회 46; 교회법 577조), 봉쇄 공동체는 또한 형제의 삶을 가르치는 훌륭한 학교이고, 참된 친교의 표현이며, 친교로 이끄는 힘이기도 하기 때문이다(봉헌 46; 말씀의 신부 6).

제2차 바티칸 공의회(수도 16)와 현행 교회법 제667조에 따르면 사도좌가 정한 규범에 따라 정한 '사도좌 봉쇄 구역'과 '수도회 고유법에 따른 봉쇄 구역'으로 나뉜다(667조 3항). 사도좌 봉쇄 구역은 엄격한 탈속脫俗의 형태로서, 수녀들을 위한 사도좌 봉쇄 구역은 여성들만의 전적인 관상생활의 특수성을 인정함을 뜻한다. 사도좌 봉쇄 구역은 수도원의 전통 안에서 그리스도와 맺는 혼인의 영성을 독특한 방법으로 발전시킴으로써, 신부인 교회가 주님과 맺는 완전한 결합을 상징하고 실현한다(말씀의 신부, 10). 수녀들이 거주하는 집 전체가 교황 봉쇄 규정의 규제를 받는다(봉쇄 2).

수녀들에게 유보된 모든 영역을 외부와 격리시키는 수단들은 구체적이고 실제적이어야 하며, 신자들의 전례 참여를 이유로 수녀들이 봉쇄 구역을 벗어나거나 신자들이 수녀들의 성가대에 들어가서는 안 된다(말씀의 신부 14,2). 봉쇄 구역 법규에 따라 수녀들과 수련자, 청원자들은 봉쇄 구역 안에서 생활하여야 하며, 법규에 정해진 경우 외에는 봉쇄 구역을 벗어날 수 없다(봉쇄 7). 또한 법규에 규정된 경우 외에는 아무도 봉쇄 구역에 들어갈 수 없다(말씀의 신부 14,3; 봉쇄 8).

관상생활을 서약하였지만 사도직 활동과 자선 활동을 하느님 예배의 일차 목적에 결합시키는 수녀들의 수도원은 사도좌 봉쇄 구역을 따르지 않는다. 이러한 수도원의 봉쇄 구역은 '수도회 고유법에 따른 봉쇄 구역'이라 한다. 이런 수도원은 기도, 수덕, 영성 정진, 전례의 정성스러운 거행, 수도회 규칙과 탈속 규율의 준수에 주력함으로써 관상의 중요성과 주된 특성을 보존하여야 한다. 각 수도원은 회헌을 비롯한 회 고유법에 따라 봉쇄 구역을 정한다(667조 3항).

봉쇄 구역은 보편 교회법과 수도회 고유법의 규정에 따라 정한다. 일반적으로 수도원 성당과 경당, 제의방, 손님방, 현관과 응접실 등은 봉쇄 구역에 포함되지 않으나 회원들을 위한 공동 휴게실, 개인 방 등은 포함시킨다. 역사적 기원에서 봉쇄 구역은 정결을 보존하고 세상으로부터의 격리를 보장하기 위해 시작되었다. 또한 봉쇄 구역은 회의 은사, 목적, 사명을 잘 수행하는데 도움을 주기 위해 설정된다. 그러나 물리적 봉쇄 구역과 공간의 분리 자체를 너무 엄격하게 강조해서는 안 될 것이며 수도자들의 근본적인 필요와 형제적 친교 사이에 조화를 이루도록 유념할 필요가 있다.

교구장은 사도좌 봉쇄 구역에 들어갈 수 있는 권리가 있는 이들의 권리를 제한할 수 없다. 교구장이 수녀승들의 수도승원의 봉쇄 구역에 드나드는데 대한 특별 권한을 갖는 경우는 다음과 같다(667조 4항). 1) 자기 교구 내에 있는 수녀승들의 수도승원에 국한된다. 2) 정당한 이유가 있어야 한다. 3) 자신 외의 사람이 봉쇄 구역에 들어가는 허가를 주려면 중대한 이유가 있고 원장 수녀가 동의해야 한다. 4) 봉쇄 수녀승들에게 필요한 기간 동안 봉쇄 구역에서 나오는 허가를 주려면 중대한 이유가 있고 원장 수녀가 동의해야 한다.

(→ 봉쇄 해제)

[참고 문헌]

AA.VV., *Comentario exegético al codigo de Derecho canónico, (Obra coordinada y dirigida por A. Marzoa, J. Miras y Rodríguez Ocaña*), vol.II/2, Pamplona 1997², 1689-1692; Andrés D. J., *Le Forme di Vita Consacrata*, Roma, 20055, 475-483; 축성생활회와 사

도생활단성, 훈령 「말씀의 신부」 *Verbi Sponsa*, 한국천주교중앙협의회, 2001; 같은 성, 훈령, 「따로 외딴 곳으로 가라」 *Venite Seorsum*, 한국천주교중앙협의회, 2008(개정 증보판).

[기경호]

봉쇄 해제 封鎖解除 라 exclaustratio 영 exclaustration

　수도자가 다양한 이유로 수도원 밖에서 지내는 경우가 있다. 이런 경우를 '봉쇄 해제', '탈봉쇄', '수도원 밖 거주' 등으로 지칭하여 혼란을 초래하는 경우가 있다. 따라서 특히 봉쇄 해제의 개념에 대한 분명한 이해가 필요하다고 본다. 봉쇄 해제는 종신 서약을 한 수도자가 성소에 대한 갈등, 공동생활의 어려움 등 중대한 이유로 수도 신분을 유지하면서 소속 회의 관할 장상의 허가를 받아 수도회를 시한부로 떠나는 것을 말한다. 이는 정당한 이유로 상급 장상의 허가를 받아 장기간 수도원 밖에서 지내는 '수도원 부재'(교회법 665조 1항)와 구별되며, 제693조에서의 '시험적 재속화'와도 구별된다. 또한 중대한 범법 행위나 추문을 저지르는 때에 총장이 그의 평의회의 동의를 얻어 사도좌나 교구장에게 청하여 그 수도자를 처벌하여 회에서 영구히 탈퇴시키는 '제명'과도 다르다. 봉쇄 해제 중에 있는 수도자는 소속 회의 회원으로서의 권리와 의무가 제한된다. 봉쇄 해제는 1953년에 처음으로 사도좌가 수도자에게 부과한 것인데, 1983년 교회법 제686조 3항에 최초로 규정되었다.

　봉쇄 해제는 단순 봉쇄 해제와 부과된 봉쇄 해제, 조건부 봉쇄 해제로 나뉜다. 1) 단순 봉쇄 해제는 본인의 청원에 의해 허가된 것(686조)이다. 이는 종신서원 수도자가 일정 기간 동안 자신의 생활 환경과 양립할 수 없는 의무로부터 면제되어 공동체 밖에 머물 수 있게 하는 허가이다(686조와 687조). 총장은 중대한 이유가 있을 때에 평의회의 동의를 얻어 봉쇄 해제 허가를 줄 수 있으나 3년을 넘길 수 없다. 3년을 초과하는 허가의 중지나 수여는 사도좌에 유보되어 있다. 청원인이 성직자이면 그가 거주하거나 봉사하려고 하는 곳의 지역 직권자의 서면 동의가 요구된다. 2) 부과된 봉쇄 해제는 교회법에 따르면 해당 회원을 퇴회시킬 충분하고 유효한 이유가 없고 그 자신도 서원에서의 면제나 재속화를 원하지 않지만, 중대한 이유가 있어 그 회원이 공동체 안에서 계속 현존하는 것이 불가능하거나 그의 현존이 공동체에 큰 해를 끼치는 경우에 한해서 부과할 수 있다(686조 3항). 이 봉쇄 해제는 성좌가 취소할 때까지 계속된다. 따라서 봉쇄 해제를 부과한 관할권자, 즉 성좌의 허가 없이는 봉쇄 해제 허가를 받은 수도자가 그 수도회의 수도원으로 돌아갈 수도 없고, 상급 장상과 수도원장이 그 회원을 공동생활에 다시 받아들일 권한을 행사할 수도 없다. 3) 조건부 봉쇄 해제는 수도 사제들에게만 해당된다. 특정한 경우에 한하여 당사자의 요청에 따라 성좌가 수여한다. 당사자는 한시적으로 봉사직이 정지되며, 지역 직권자라 하더라도 그것을 회복시킬 수 없다.

봉쇄 해제 허가를 받은 수도자는 여전히 법적으로 그 수도회의 일원으로 남는다. 봉쇄 해제 허가를 받은 회원은 새로운 생활 조건과 병행할 수 없는 의무를 면제받은 것으로 간주되지만 여전히 소속 장상의 종속과 배려 아래 머물러 있고, 특히 성직자인 경우에는 교구 직권자의 종속과 배려 아래에도 있다. 봉쇄 해제 허락을 받은 회원은 수도자의 본질에서 그리고 구체적인 신분에 수반되는 개인적 의무는 가능한 준수되어야 하고 마찬가지로 성직자의 의무도 온전히 유지되어야 한다. 한편 수도자의 서약 의무는 기본적으로 변함이 없다. 소속 장상에게 순명할 의무가 있으며, 성직자의 경우에는 체류하는 곳의 교구장에게 순명할 의무가 있다(순명 서원).

회원이 버는 것은 무엇이든 그 회에 속하지만(668조 2항), 봉쇄 해제 허가를 수도자는 그의 수익을 자신의 삶을 유지하기 위하여 사용할 수 있으며, 그가 삶을 유지하기 힘들 때는 회에서 지원해야 한다(670조). 수도회는 특별한 상황에서도 기본적인 삶을 유지하도록 해 주어야 한다. 만일 봉쇄 해제 허가를 받은 회원이 수도 성소를 포기하고 결혼하려는 경우에는 회에서 나가는 윤허를 청해야 한다. 그는 공적으로 단체를 대표할 수 없으나, 윤허에 달리 명시되지 않는 한 수도복 착용은 가능하다(687조). 아울러 공동체를 떠나 있는 수도자는 수도회 내에서 선거권과 피선거권이 없으며, 수도회의 보호를 위해 그 회원에게 수도회의 이름으로 행하는 모든 행위의 포기 서명이 요구된다. 그는 수도공동체 밖에서 생활하므로 공동생활에 관한 의무에서 면제된다.

(→ 봉쇄 구역)

[참고 문헌]

AA.VV., *Comentario exegético al codigo de Derecho canónico, (Obra coordinada y dirigida por A. Marzoa, J. Miras y Rodríguez Ocaña)*, II/2, Pamplona 19972, 1740-1795; Andrés D. J., *Le Forme di Vita Consacrata*, Roma, 20055, 630-633; De Paolis V., *La vita consacrata nella chiesa*, Bologna, 1992, 166-180; Ruessmann M., *Exclaustration its nature and use according to current law*, Tesi Gregoriana Serie Diritto Canonico 1, Roma, 1995.

[기경호]

봉헌생활 ⇨ 축성생활

분원 ⇨ 수도원

사도생활 ⇨ 축성생활

사도생활단 使徒生活團
라 societas vitae consecratae 영 society of apostolic life

　사도생활단은 회원들이 수도 서원을 선서하지 않고 그 단團의 고유한 사도적 목적을 추구하며 고유한 생활 방식에 따라 형제적 생활을 공동으로 살면서 회헌의 준수를 통하여 애덕의 완성을 향하여 정진하는 단체들이다(교회법 731조). 사도생활단은 1983년 교회법전 이전까지의 '서원 없는 공동 생활단'들로서 재속회, 재속 단체, 선교회, 교회 협의회, 단순서원 단체 등 여러 명칭으로 불렸다. 1983년 교회법전에서는 이러한 단체들을 사도생활단이란 범주 안에 포함시켰다. 사도생활단은 다음과 같은 근본적인 특징을 지닌다.
　사도생활단은 축성생활회와 비슷한 단체이므로 수도회법에 관한 공통 규범이 준용되지만, 축성생활회 곧, 수도회나 재속회가 아니다. 또한 사도생활단은 수도 서원 없는 단체로서 그 회원들이 세 가지 복음적 권고를 공적 서원으로 선서하지 않는 단체이다(731조 1항 참조). 사도생활단은 사도적 생활을 특징으로 하는 단체이다. 교회법 731조 1항에 따르면 이러한 요소들은 사도생활단의 존재 근거에 속한다. 수도승회, 탁발 수도회, 성직 수도회, 현대의 수도 단체들 역시 사도적인 특징을 지니긴 하지만 항상 수도 축성이 우선시된다. 한편 사도생활단은 형제적 공동생활을 특징으로 한다. 각 사도생활단의 회원들은 고유한 회헌을 지킴으로써 또는 복음적 권고를 선서함으로써(731조 2항 참조) 그 사도생활단의 고유한 생활 방식에 따르는 형제적 공동 생활을 한다. 이들의 재속성은 수도자가 아니라는 조건을 의미하며 축성생활회와 구별 짓는 본질적 요소가 된다. 따라서 사도생활단은 수도자와 재속회원의 중간 신분이 아니라 재속회들보다 더 세속적이라 할 수 있다.

사도생활단들은 대체로 크게 다섯 가지로 나눌 수 있다. 1) 수도 신분과는 어떤 유대도 지니지 않는 사도생활단들 2) 그리스도를 아직 모르는 사람들의 복음화라는 구체적인 목적으로 설립된 사도단들 3) '충실성'이나 '순명'의 약속과 같은 하나의 명백한 유대를 발하는 사도생활단들 4) 사도적 직무라는 특수한 목적을 위한 수단으로서만 개인적인 특수 유대로 복음적인 권고들을 선서하는 사도생활단들 5) 여성 단체들 가운데 특히 그 구조상 수도 신분과 아주 유사한 사도생활단들이 있다. 이들은 교구 소속 사도단으로 제도적으로 복음적인 권고들을 선서하며 현대의 재속회와 아주 유사하다.

사도생활단들 중에는 그 회원들이 회헌에 규정된 어떤 유대(서원이나 맹세 또는 선서나 약속 등)로써 복음적 권고를 받아 들이는 단체도 있다(731조 2항). 어떤 사도생활단의 회원들이 그 회헌에 따라 어떤 유대로 정결과 청빈과 순명을 받아들이는 경우, 그러한 유대는 그 사도생활단 안에서는 그 고유법에 따라 효력을 가지지만, 교회에서 공적 수도 서원으로서의 법적 효력과 수도자로서의 신분으로 인정하지는 않는다. 따라서 회원들이 선서나 유대로써 세 가지 복음적 권고 중의 한 가지나 두 가지나 세 가지를 받아들이는 사도생활단은 그의 기원과 전통을 유념하여 수도회나 재속회에서 사용하는 용어와 혼동하지 아니하도록 유의하여야 한다.

[참고 문헌]

AA.VV., *Comentario exegético al codigo de Derecho canónico, (Obra coordinada y dirigida por A. Marzoa, J. Miras y Rodríguez Ocaña)*, II/2, Pamplona 19972, 1880-1918; Andrés D. J., *Le Forme di Vita Consacrata*, Roma, 2005[5], 748-773.

[기경호]

사도직 使道職 라 apostolatus 영 apostolate

오늘날의 '사도직'은 교회가 조직한 활동 곧 그리스도 신비체 활동 전체를 포괄한다(평신도 2 참조). 예수 그리스도의 사도라고 말할 때 이는 그리스도로부터 파견되었음을 뜻하는데, 여기에서 사도직의 의미가 파생되었으며 제2차 바티칸 공의회가 받아들인 성경적 의미에서 사명과 동의어로 쓰이기도 한다. 한국어에서는 동의어라기보다는 사도직이 사명 수행의 수단으로서 '사명'의 외연外延이 더 크다.

사도직은 크게 두 가지 의미로 '하느님의 말씀을 전하고 행동으로써 증언하는 사도로서의 직무'와 '사도로부터 이어져 내려온 파견된 자의 직분'으로 나뉘며 후자는 성직자, 수도자, 평신도 각각의 신분과 조건에 따라 파견된 자의 직분을 통하여 교회의 사명에 이바지한다(교회법 216조). 사도직에 있어서 그 중심은 그리스도이므로 사도직은 본시 그리스도의 직무이며 모든 그리스도교인은 다양한 방식으로 그 직무에 참여하는 것이다.

'복음적 생활' 또는 '사도적 활동'이란 표현은 그레고리오 개혁 이전부터 프란치스칸 운동의 시작을 거쳐 그 이후의 시기에 반복해서 접하게 되는 표현으로서 사도직의 목적을 추구하려고 하는 활동을 말한다. 수도생활에 있어서 사도직은 각 수도회의 은사에 따른 공동의 사명을 구체화한 고유 활동이라고 할 수 있겠으나 이는 종종 사도직과 사도적 활동을 동일시하게 됨으로써 사도직의 외연外延을 축소시키는 결과를 초래하기도 한다. 사실 각 수도회는 카리스마적인 사명을 가지고 있고 그 사명은 복음에서 제시된 봉사를 통해 실현된다. 교회 안에서 이루어지는 유일한 사명은 교회의 창립자를 따라 복음을 '선포'Kerigma하고 공동체적 '친교'Koinonia 안에서 가난하고 버림받은 형제자매들을 섬기는 '봉사'Diakonia로 수행된다. 이런 언어상의 차이를 고려하여 수도자들이 행하는 여러 형태의 사도적 활동에 대하여 근래의 몇몇 신학자들이 제안하는 대로 '복음적 봉사'라는 성경적 표현이 바람직하다고 본다.

(→ 사명)

[참고 문헌]

    Alavrez Gómez J., *La permanente novità della vita religiosa nella Chiesa*, in *Notiziario CISM* (1992) 4, Roma, 300-324; Macca V., *Apostolato*, in *DIP(1)*, 719-738; Rocca G., *Vita apostolica*, in *DIP(10)*, 192-204. 알론소 세베리노 M.,『수도생활신학』, 기쁜소식, 2007, 534.

[정대현]

사명 使命 라 missio 영 mission

라틴어 '미씨오'missio의 한국 번역어인 '사명'의 사전적 의미는 '맡겨진 임무' 혹은 '심부름꾼으로서 받은 명령'이다. 그런데 현대 서구 사회에서 '미씨오'가 가지는 외연外延이 한국말 '사명'보다 더 크다. 개념의 범위로 본다면 '사명'은 수행해야 할 임무라는 부분에서 그치지만 서구에서는 '사명 수행'으로서 실재적이고 구체화된 행위들의 집합체까지 그 속성을 아우른다. '미씨오'의 사전적 정의는 '보내짐', '파견된 이의 임무', '윤리적 헌신에 전 존재를 투신하는 사람에게 요구되는 활동', '국가나 개인의 의뢰를 해결하기 위해 부과된 특별한 직무 및 그룹', 교회적 차원에서 '복음 설교의 사도적 파견(선교)', '지역 본당 조직체들' 등 그 범위가 넓다. 사명은 교회 안에서 종종 '선교'와 '복음화'를 혼용하는데 신학적인 관점에서 본다면 사명과 선교는 행위의 주체와 객체의 관계 즉 '파견자(하느님)로부터 보내짐'의 행위에 중점을 두는 반면 유의어로 사용되는 '복음화'는 '맡겨진 임무의 내용'이 강조된다.

제2차 바티칸 공의회 문헌을 보면 '미씨오'에 대한 언급은 상당 부분 교회헌장과 선교교령에서 발견되며 이는 사명이 성부로부터 파견된 성자와, 성부와 성자로부터 파견된 성령으로 인하여 제자들에게 보내졌고, 이를 통해 모든 그리스도인들에게 하느님으로부터 받은 선교의 임무가 적용된다는 사실을 알 수 있다(교회 17, 23, 28; 선교 2-7; 평신도 2 참조). 이를 통해서 볼 때 '미씨오', 곧 '사명'은 교회 안에서 하느님으로부터 맡겨진 임무에 모든 그리스도인이 참여하는 것이다. '선교'란 성부의 계획에 의해 파견된 성자와 성령의 파견에 그 기원을 두고 사명을 받은 교회가 그리스도를 믿지 않는 백성과 집단에 교리를 가르치고 세례를 베풀며 교회 공동체를 설립하는 사명이라 할 수 있겠다. 또한 복음의 힘으로 모든 사람들을 내적으로 쇄신하고 하느님의 말씀과 구원 계획에 위반되는 모든 인간적인 판단 기준, 사상의 동향, 그리고 가치관과 생활 양식 등을 역전시켜 '복음적 생활로 인도하는 활동(복음선교 17-19)'을 '복음화'evangelizatio라 한다.

수도생활 안에서 사명을 말할 때는 예수 그리스도가 맡긴 교회의 근본적 사명을 각 수도회가 받은 카리스마의 다양성 안에서 완벽한 봉사로 전진해 나아감을 통해(수도 6) 시대적 표징을 식별하고 행동하는 것이다.

[참고 문헌]

Barbaglio G.(curr.), *Missione,* in *Teologia*, SANPAOLO, Milano 2002, 1009-1011; M.E.T.A. srl(curr.), *Missione*, in *Dizionario Zingarelli 2013*, ZANICHELLI, Bologna 2012; Pigna A., *La Vita Consacrata I, Identità e Missione*, OCD, Roma 2002, 65-75, 297-310.

[정대현]

새로운 공동체들 이 nuove comunità 영 new communities

'새로운 공동체들'이란 대체로 서구에서 전통적 수도생활의 위기가 감지되고 세속화가 확산되어 가던 제2차 바티칸 공의회 직전인 1950년 이후 생겨나기 시작한 공동체들을 말한다. 곧 시기적으로 근래에 생겨난 공동체라는 언어학적 의미가 아니고 그 이전의 형태와는 다른 축성생활의 한 형태를 가리킨다. 이 공동체들은 특히 평신도 영성과 교회 안의 새로운 운동들이 발전하고 복음적 근본주의에 대한 쇄신된 의식이 자라나던 공의회 후에는 "공의회에 따른 새로운 또는 쇄신된 형태의 축성 생활(봉헌 12)"로 눈에 띄게 확산되어 갔다.

가난, 정결, 순종의 복음 권고의 실천을 토대로 하여 공동생활과 장상제라는 내부 위계제도를 채택하는 이 공동체들은 재속회가 아니며 성직자 단체도 아니다. 또한 공동생활이 없고 세상 안에서의 직업과 혼인 여부의 선택이 회원의 자유에 온전히 맡겨진 단체들과도 다르며, 교회 안의 '운동' 단체들과도 다르다. 제2차 바티칸 공의회를 전후한 수도생활의 개혁과 쇄신을 위한 다양한 시도와 구별되면서 교회 안의 기존 수도회 형태에 들지 않는 이 '새로운 공동체들'은 공의회 이후 성령께서 교회에 주신 커다란 선물로서 교회와 축성생활의 쇄신을 위한 기여가 인정된다. 특히 변화하는 시대 안에서 복음에 대한 민감하고 현실적인 감각으로 전통적 수도생활의 틀에서 복음주의로 건너가는 용감한 시도가 높이 평가된다.

이 공동체들은 주로 프랑스, 이탈리아, 미국, 캐나다, 벨기에 등지에서 생겨났고 라틴 아메리카를 포함한 다른 나라들에서도 생겨났다. 한편 기존 수도회의 구조가 여전히 발전하고 있고 사회적 지지를 받는 아시아와 아프리카에서는 생겨나지 않았다. 세부적으로는 대단히 다양한 유형의 공동체들이 존재하는데, 일반적으로는 세 가지로 분류된다. 먼저 고전적 의미의 수도승 생활에 더 가까운 관상 형태의 공동체이다. 여기에는 새로운 창립도 있고, 수도회의 쇄신을 위한 새로운 길을 시도하고자 기존 수도회의 한 갈래로 생겨나는 경우도 있다. 또 사도적 공동체와 여러 방식으로 은사적 운동에 연결된 공동체들도 있다.

이렇게 새로운 공동체들은 여러 전통적 형태의 수도회에서 영감을 받아 현대 사회의 요구에 적응시키기도 하며, "복음적 생활에 대한 그들의 투신은 다양한 형태를 띠지만, 전체적으로 볼 때, 공동체생활, 청빈, 기도에 대한 강렬한 소망이라는 공통된 특징을 가지고 있다(봉헌 62)". 대체로 친교와 삶의 공유 및 가난과 인간의 한계가 지닌 가치를 중시하며, 손님 접대와 환대를 대단히 높게 평가한다. 관상적 삶의 가치를 중시하고 기한을 정하지 않은 서원과 공동체 안에서 다양한 방식의 결연의 가능성을 보장한다. 또 한 공동체 안에 남녀 축성생활자들이 함께 할 뿐 아니라 하늘나라를 위한 독신의 가치를 특별히 강조하지 않고 기혼자와 독신자들이 함께 사는 혼합 형태도 존재한다. 하느님 말씀을 강조하고 새로운 형태의 공동기도와 다른 교회에 속한 형제자매들과의 공동생활로 드러나는 교회일치적 차원도 특징이다. 또한 정치적 임무를 강조하며, 공동체의 지도 임무가 여성에게 맡겨지는 경우가 많고 지역 교회적 차원을 강조한다.

요한 바오로 2세는 복음적 생활을 추구하는 이러한 새로운 형태들의 공헌과 교회적 가치를 강조하면서도 이것들이 그 이전의 형태들을 대체하지 않으며(봉헌 12) 기존의 수도회들에 대한 대안도 아니라고 말하고, 서로 간의 은사의 교환과 대화를 권고한다(봉헌 62).

한편으로는 은사에 대한 식별의 중요성이 부각되는데 사실 그 중 적지 않은 수가 단명했거나 교회적 차원의 식별이 진행 중이다. 새로운 형태의 축성생활에 대한 승인은 새로운 축성생활 단체의 승인과는 다른 것으로서 사도좌에만 유보된다(교회법 605조).

[국춘심]

서약/서원/선서

우리나라의 수도생활에서 그 정확한 의미를 구분하지 못한 채 극심한 혼돈을 일으키고 있는 대표적인 용어 가운데 하나가 '서약'과 '서원'이란 단어이다. 수도자들의 공적 선서를 서약, 서원, 허원許願이란 용어로 사용해 온 그릇된 관례를 바로잡아야 할 필요가 절실하다고 본다.

서약 誓約 라 professio 영 profession

선서professio는 서원과는 달리 그 본질적 내용(예컨대, 서원, 신앙 등)의 효과를 발생시키고 그것을 책임 있게 실행하도록 일정한 예식을 통하여 이루어지는 교회법적 행위이다. 선서는 가장 일반적인 의미로는 세례에서 비롯되는 모든 그리스도인의 책무를 뜻하고, 넓은 의미로는 구체적이고 모든 이에 의해 인식되는 목적을 통해 확정되는 분명한 생활 방식이나 신분을 떠맡기 위한 공적인 고백을 뜻한다. 끝으로 좁은 의미로는 교회가 인준한 수도규칙과 회헌에 따라 자신을 받아들이는 합법적인 장상의 권위 아래 정결, 청빈, 순명의 세 가지 본질적인 서원을 자유롭게 발함으로써 하느님께 봉헌하여 축성되는 행위를 의미한다. 수도자들이 하는 이러한 선서를 '서약'이라 한다.

현행 교회법상 '선서'는 크게 세 가지이다. ① 교회법상 직무를 부여받은 사람이 해야 하는 신앙선서(833조) ② 수도자들이 복음적 권고와 그 밖의 서원을 선서하는 수도선서(654조) ③ 법원과 재판에 관여하는 이들의 선서(1454; 1471; 1562조). 그런데 '서약'을 '서원'의 동의어로 사용하는 경우가 있긴 하지만 '수도 선서'를 '수도 서약'이라고 할 필요는 없으며, '서약'이라는 말로 충분하다. 왜냐하면 선서는 서원이 아닌 다른 것을 선서할 수도 있을 뿐 아니라, 서원이 수도선서의 본질적 내용을 이루긴 하지만 '합법적 장상의 받아들임'이라는 또 다른 요소가 있기 때문이다.

서원 誓願 라 votum 영 vow

한편 서원votum은 서약의 내용으로서, 가능하고 더 좋은 선에 관하여 심사숙고하고 자유로이 하느님께 맺은 약속이다(1191조 1항). 서원은 어떤 것을 행하거나 하지 않겠다는 의지의 표현인 단순한 원의나 결심이 아니고 약속이다. 서원이란 어원적으로 하느님 앞에서의 기도, 봉헌, 약속을 영원을 위하여 바치는 일회적인 행위를 뜻하는 그리스어 '에우케'*euché*에서 왔다. 여기서 약속은 서원의 삶을 약속하는 요식 행위가 아니라 삶을 통한 계속적인 응답의 시작이며, 무엇보다도 '전 인격의 봉헌'이다. 서원은 하느님께 드리는 약속이자 흠숭 행위이다.

이것이 서원의 본질적 요소이다. 따라서 서원자는 하느님을 경배하는 종교의 덕행으로써 자기의 서원을 이행하여야 한다.

서원은 다양한 기준에 따라 분류된다. 1) 공적 서원과 사적 서원: 합법적인 장상이 교회의 이름으로 받아들이는 서원은 공적 서원이며, 신자들이 하느님께 맺은 사사로운 서원은 사적 서원이다(1192조 2항). 2) 종신 서원과 기한부 서원: 서원은 전 생애를 위해 발할 때 종신 서원이며, 일정 기간 동안 발한다면 기한부(유기) 서원이다. 3) 장엄 서원과 단순 서원: 교회에 의하여 장엄한 서원으로 인정되며 절대적이고 취소할 수 없는 서원이 장엄 서원이고, 장엄 서원이 아닌 서원이 단순 서원이다(1192조 2항 참조). 4) 인적 서원, 물적 서원, 혼합 서원: 서원의 대상으로 서원자의 행동이 약속되는 것(예컨대 성지 참례)은 인적 서원이고, 어떤 사물이 약속되는 것(예컨대 자선을 위한 기부)은 물적 서원이며, 인적 및 물적 성격을 겸하는 것(단식하여 그 돈을 자선단체에 기부하겠다는 서원)은 혼합 서원이다(1192조 3항). 5) 명시적 서원과 묵시적 서원: 서원을 구두나 서면 등 다른 사람들이 명확히 알 수 있는 방법으로 표현할 때 명시적 서원(656조 4호)이라 하고, 그렇지 않은 경우는 묵시적 서원이다. 6) 조건부 서원과 절대적 서원: 어떤 조건에 연관되어 있는지 없는지에 따라 조건부 서원 또는 절대적 서원으로 나뉘기도 한다.

[참고 문헌]

AA.VV., *La funzione di santificare della Chiesa, Quaderni del MENDOLA 2*, Milano, 1995, 186-189; Andrés D. J., *Le Forme di Vita Consacrata*, Roma, 20055, 391-413; Bruno F. Pighin, *Diritto*

Sacramentale, Venezia, 2006, 392-398; Jiménez Echave A., *La professión religiosa temporal. Visión histórico-jurídica*, Roma, 1993, 8-10.

[기경호]

선교 ⇨ 사명

설립자 設立者 라 fundator 영 founder

라틴어 'fundator'와 그에 해당하는 다른 서양 언어는 한국어로 '창설자'創設者, '창립자'創立者, '설립자'設立者 등으로 번역될 수 있다. 언어학적으로 동의어라고 볼 수 있으나 수도회에 적용할 경우 강조점이 약간 다를 수 있다. '창설자'나 '창립자'는 역사 안에서 나타난 새로운 현실, 곧 역사적 실재를 표현하는 말로 은사적 차원을 부각시키며, '설립자'는 제도적·법적 차원을 부각시키는 표현이다. 대개의 경우 창설자와 설립자는 같은 인물이지만 종종 특정 은사에 따른 삶을 시작한 사람과 그 삶의 제도화를 시작한 사람이 다를 수도 있다. 따라서 엄밀한 의미에서 문맥에 따라 창설자와 설립자를 구별할 필요가 발생할 수도 있다.

한국 여자 수도회 장상연합회는 2013년 4월 22일자 공문에서 이 사실을 상기시키면서 "'창설자'라는 용어 사용이 틀린 것은 아니지만, 상황과 문서에 따라 달라지는데 역사 서술이나 수도회에서 신학적인 맥락에서 언급할 때는 '창설자'라 해도 무방하되, 일반적으로 회헌이나 수도회 공식 문서, 법적 문서에서 언급할 때는 '설립자'라고 쓰는 것이 적절"하다고 밝힌다.

2014년에 나온 한국 주교회의 용어집에는 "설립자", "창립자", "창설자"라는 표현을 모두 사용할 수 있다고 밝히고 있다.

[국춘심]

성직수도회/성직자회
聖職修道會 라 institutum clericale 영 clerical institute

　성직수도회는 설립자가 지향한 목적이나 계획 또는 합법적 전통에 의하여, 성직자들의 통할 아래, 성품의 집행을 맡으며, 교회의 권위로부터 그러한 것으로 인정된 수도회를 말한다(교회법 588조 2항). 그러므로 현행 교회법 체계에서 설립자가 지향한 목적이나 계획 또는 합법적 전통에 따라 수도회가 성직수도회로 인정되기 위해서는 다음과 같은 세 가지 기준에 부합해야만 한다. 1) 성직자들의 통치 2) 성품의 집행 3) 교회 권위의 인정. 따라서 성직수도회의 사제적 성격은 세습 재산에 속한다(578조). 즉, 수도회의 성품 집행은 수도회의 목적과 계획에 밀접하게 연관되어 있고, 이 목적과 계획은 설립자 혹은 수도회의 건전한 전통에서 비롯된 것이다.
　첫 번째 기준은 성직자들의 통치이다. 이 기준에 따르면 수도회의 장상은 성직자들이 맡아야 한다. 왜냐하면 교회법적 체계는 성직수도회의 장상들에게 여러 가지 성품권을 부여하고 있기 때문이고, 교회법 274조 1항에 따르면 "성직자들만이 그 집행에 성품권이나 교회 통치권이 요구되는 직무를 얻을 수 있다". 교구설립 성직수도회의 상급 장상은 직권자가 아니지만 성좌설립 성직수도회의 상급 장상은 법 자체로 직권자이므로(134조) 당연히 성직자이어야 한다. 또한 수도회 및 재속회성의 교령 *Clericalia instituta*(1969.11.27)은 성직수도회의 평수사들은 장상과 장상 대리의 직무를 맡을 수 없다고 못을 박았다. 그런데 적지 않은 수도회에서 사도좌에 이 규정에 대한 관면을 요청하였고 받아들여지기도 하였다. 그 후 수도회성은 성직수도회에서 수도원장은 평수사가 맡을 수 있는 관면을 허락하였다. 그러나 성직수도회에서 상급 장상은 반드시 성직자여야 한다는 원칙은 고수하였다.

두 번째 기준은 성품의 집행이다. 즉, 설립자의 목적과 계획이나 건전한 전통에 따라서 수도회의 성직자들이 주로 성품의 집행에 헌신하여야 한다. 즉, 선교, 말씀의 교역, 사목 등의 성무 집행이 그 수도회의 주된 사도직인 경우이다. 이에 따라서 의전율수회나 수행성직자회, 선교수도회는 성직수도회로서 어렵지 않게 인정되었다. 그런데 수도승회와 탁발 수도회는 수도회가 전통적으로 받아들인 사목직으로 인하여 성직수도회로 분류되어 왔으므로 적지 않은 회원들의 불편을 일으키고 있는 실정이다. 그런데 현행 교회법 체계에서 말하는 성좌설립 성직자 수도회 상급 장상의 권한을 이 수도회들이 그대로 가지고 있으므로 성직수도회가 아니라고 할 수가 없다.

셋째 기준은 교회의 인정이다. 이 기준이 다른 기준들에 비해서 가장 중요한데 이 기준에 의하여 제기될 수 있는 의문과 모호함이 사라지고 모든 것이 명백해지기 때문이다. 그러므로 교회의 인준을 받는 회헌이 성직수도회라고 정하는 것이 중요하다. 또는 설립 교령이나 승인 교령, 선언, 또는 교회 역사와 관례 안에서 그 수도회가 성직수도회라고 정의하는 경우도 있다.

성직수도회 내의 평수사들은 모든 권리와 고유한 임무를 가진 회원들이다. 왜냐하면 수도 신분은 성직자와 평신도의 중간에 있는 것이 아니라 그 자체로 완전한 신분이기 때문이다. 이러한 "수사들의 현존은 사제 직무를 수행하는 이들과 협력하여 공동체와 사도직에 봉사함으로써 수도회의 사명에 다른 형태로 참여하는 것이다"(봉헌 60).

[참고 문헌]

Calabrese A., *Istituti di vita consacrata e Società di vita apostolica*, Libreria Editrice Vaticana, Città del Vaticano 2011; De Paolis V., *La Vita consacrata nella Chiesa*, Marcianum Press, Venezia 20102; Gambari E., *Vita Religiosa secondo il Concilio e il nuovo Diritto Canonico*, Edizioni Monfortane, 1984; 이찬우(편), 『수도자와 봉헌생활』, 인천가톨릭대학교출판부, 2003.

[이규용]

수도생활 ⇨ 축성생활

수도승/수도승생활

수도승 修道僧　라 monachus　영 monk

'수도승'monachus이란 우리말은 원래 불교 용어이지만 일반적으로 쓰이는 '수도자'religiosus라는 개념에 포함된다. 동시에 승려적 생활 전통을 따르는 수도회에 속한 수도자를 따로 지칭할 때 한국 가톨릭교회 안에서도 사용되어 왔다. 그리스도교 안에서 '수도승'이란 초기 그리스도교 수도생활 전통, 더 정확히 말하면 사막의 은수자나 독수도자의 전통을 따르는 수도회에 속한 수도자를 지칭하는 용어이다.

이 말은 그리스어 형용사 '모노스'*monos*(홀로)에 어원을 두고 있는 '모나코스'*monachos*에서 유래한다. 원래 그 정의定義상 '결혼하지 않은 자' 혹은 '독신자'란 의미에서 '홀로 사는 사람'solitarius을 나타냈다. 따라서 처음에는 사막에서 살던 은수자eremita나 독수도자anachoreta를 가리켰는데 점차 그 의미와 내용이 발전되면서 후에는 회수도자coenobita까지 포괄하는 단어가 되었다.

반면 '수도자'religiosus라는 말은 '수도승'과 구분하여 주로 13세기 이후에 생겨난, 이전과는 다른 완전히 새로운 형태의 수도생활(예: 탁발 수도회, 예수회, 예수회 이후 생겨난 오늘날 대부분의 수도회)을 하는 수도회에 속한 수도자를 지칭하는 용어이다. 따라서 오늘날 '수도승'이라 할 때 일반적으로 베네딕도회 총연합에 속한 수도회들(예: 까말돌리회, 발롬브로사회, 올리베타노회, 실베스트로회 등)과 시토회, 트라피스트회, 카르투시오회에 속한 수도자들을 일컫는다. 반면 '수도자'는 '수도승'을 포함한 모든 수도자를 지칭하는 더 광범위하고 포괄적인 용어이다.

'수도승'이란 용어는 불교에서 가져온 용어라서 그리스도교적 삶의 형태에 적용하기에는 부적절하며 오해의 여지가 없지 않다. 그럼에도 한국 교회에서 이 용어를 사용하고 있는 이유는 라틴어의 '모나쿠스'monachus, '비타 모나스티카'vita monastica란 용어가 지니고 있는 그 고유의 전통과 내용을 담을 만한 우리말을 아직까지 찾지 못했기 때문이다. 결국 '수도승'이란 말도 불교에서 먼저 사용해 온 용어라는 점과 한국 가톨릭교회 안에 있는 우리에게 그 말이 지닌 불교적 의미와 우리가 가지고 있는 불교적 정서 때문에 완전한 번역이라고 할 수는 없으나 현실적으로 현행 교회법(1983년) 안에서도 '모나쿠스'monachus를 '수도승'으로, '모니알리스'monialis를 '수녀승'으로, 그리고 '모나스테리움'monasterium을 '수도승원'으로 각각 번역하여 사용하고 있다(교회법 609조 2항; 613-616조; 616조 4항; 620조; 625조 2항; 628조 2항; 630조 3항; 637조; 638조 4항; 667조 2-4항; 684조 3항; 686조 2항; 688조 2항; 690조 2항 참조). 아마도 한국 교회에서도 '모나쿠스'란 말의 본래 의미에 비교적 가까운 우리말이 '수도승'이라고 여겨졌던 것 같다. 어찌 보면 이 용어는 하나의 차선

책이라 할 수 있다. 보다 더 적합하고 본 의미를 담을 수 있는 우리말을 발견한다면 그 말로 대치할 수도 있을 것이다.

수도승생활 修道僧生活 라 vita monastica 영 monastic life

'수도승생활'vita monastica은 수도생활 초기부터 이어져 내려오는 전통적 수도생활을 뜻한다. 즉 그리스도를 더욱 철저히 추종하고 오로지 하느님만을 찾기 위하여 세상에서 물러나 사막이나 광야로 들어간 은수자나 독수자의 생활 전통을 잇는 수도생활을 말한다. 수도승생활을 하는 수도자를 우리말로 '수도승'이라 한다.

'수도생활'vita religiosa은 주로 근대 예수회 이후에 생겨난 새로운 형태의 수도생활을 포괄하는 더욱 넓은 개념이다. 전통적 수도생활이 어떤 특별한 사도직 활동을 목적으로 하지 않고 '하느님을 찾는 삶', 혹은 '하느님만을 위한 삶' 자체를 목적으로 한다는 점에서 오늘날 우리가 흔히 말하는 특정 사도직 활동을 목적으로 하는 일반 수도생활과는 엄밀히 구분된다.

현 교회법에서는 수도생활과 재속회instituta saecularia의 생활 방식을 포괄하여 축성생활vita consecrata로 언급하고 있다(교회법 573조 1항 참조). 그리고 넓은 의미로는 사도생활단societas vitae apostolicae은 축성생활회 "축에 낀다"accedunt고 표현된다. 곧 유사한 형태로 간주된다는 의미이다(731조 1항 참조). 동정녀와 과부, 그리고 은수자 역시 축성생활 안에 포함된다(603조 1

항과 604조 제1항 참조). 이처럼 전통적 수도생활을 의미하는 '수도승생활'은 '수도생활'과 '축성생활' 안에 포함되기에 외연外延으로는 가장 좁은 개념이라 할 수 있다. 이를 정리하면 다음과 같다. 하느님 백성 > 축성생활 > 수도생활 > 수도승생활.

독수도생활 獨修道生活 라 vita solitaria 영 solitary life

철저한 고독과 침묵 중에 '홀로' 하느님을 찾는 수도생활을 뜻한다. 이는 은수생활 vita eremitica과도 거의 같은 의미로 사용된다.

회수도생활 會修道生活 라 vita coenobitica 영 cenobitic life

다른 사람들과 '함께' 하느님을 찾는 수도생활, 즉 공동체 생활을 하는 수도생활을 뜻한다. 수도생활의 또 다른 형태인 독수도생활의 상대 개념이다. 다른 말로 공주共住 수도생활 혹은 공수共修생활이라고도 번역된다. 이 외에 비슷한 개념인 '공동생활' vita communis과 '공동체 생활' vita communitatis도 있다.

혼합 형태

 회수도생활과 독수도생활을 혼합한 수도생활 형태로 까말돌리회와 카르투시오회가 대표적이다. 이 두 수도회는 1012년 성 로무알도St. Romualdo(950-1027)와 1084년 성 브루노St. Bruno(1032-1101)에 의해서 각각 창설되었다. 이들은 4세기 이집트 북부의 은수생활과 남부의 공동생활을 혼합하여 수도원 안에 은수자들의 암자들을 배치하여 소위 '함께 사는 은수자들'이라 불리기도 한다. 특히 카르투시오회는 가톨릭교회 안에서 가장 엄격한 규율을 준수하는 수도회로 "카르투시오회는 한 번도 개혁된 적이 없다. 한 번도 쇠퇴한 적이 없기 때문이다" Carthusia nunquam reformata, quia nunquam deformata라는 명구로 유명하다. 현재 한국 교회 안에 남녀 카르투시오회와 여자 까말돌리회가 진출해 있다.

[허성석]

수도원

　한국 교회에서는 수도원에 관한 부정확한 명칭의 사용과 법률 관계 설정으로 인하여 혼란을 일으키는 경우가 적지 않다. 특히 수도원과 분원은 명확히 교회법적으로도 다른 실체임에도 혼용함으로써 수도자들의 고유한 공동생활의 자율성에 걸림돌이 되기도 한다. 따라서 수도원과 관련된 용어들의 개념을 명확히 할 필요가 있다.

수도원 修道院　라 domus religiosa, monasterium, conventus
　　　　　　　　영 religious house, monastery, convent

　역사적으로는 '수도승원'monasterium, '수도원'conventus, '집'domus 개념이 중요하다. '수도승원'은 수도승들이나 수녀승들의 집을 지칭하는데, 트렌토 공의회는 자치 수도승원과 수녀승원을 '수도원'conventus과 구별하여 그렇게 불렀다. '수도원'conventus이란 용어는 중세에 특히 일부 탁발 수도회들의 대수도원화한 집을 지칭하였으며, 이후 수도승생활 외의 집단 수도생활을 하는 수도자들의 집을 통칭하여 쓰였다. '집'domus이란 용어는 수도자들의 집을 신학적으로 '주님의 집'domus Domini, '하느님의 집'domus Dei이라 할 때 쓰이다가 나중에는 활동 수도자들의 집을 지칭하였다. 현행 교회법전은 모든 축성생활회의 회원들이 사는 거처를 칭할 때 '집'domus이라는 용어를 사용한다.

수도원이란 합법적으로 설립된 수도 공동체가 생활하는 장소로 이해된다. 곧 수도원은 합법적으로 설립된 수도회가 그 회의 고유한 여러 가지 목적을 수행하기 위하여 회원들의 공동체가 일정한 장상의 권위 아래 상시적으로 거처하도록 보편법과 회의 고유법에 따라 설립한 집이다(608조 참조).

수도자들의 집domus religiosa은 형제적 친교와 각 회의 카리스마를 증진시켜 나가기 위한 공동생활의 중심이 되는 곳이다. 1983년 교회법은 축성생활회원들의 집을 통칭하여 '집'domus이라고 부른다. 따라서 교회법전 상의 'domus'란 용어를 일률적으로 '수도원'으로 번역하는 것에 주의해야 할 필요가 있다. 현행 교회법에서는 수도자들의 공동생활과 관련하여 제608조의 '합법적으로 설치된 집'domus legitime constituita과 제609조의 '합법적으로 설립된 집'domus legitime erecta 둘의 구분이 매우 중요하다.

모원 母院 라 domus matrix 영 mother house

모원母院 domus matrix은 자치 수도승원, 한 수도회, 관구, 지부, 개별 수도원 등의 역사적 기원이 되는 집을 말한다. 이는 창설자의 카리스마, 회의 기원, 회의 유산, 각 회의 고유한 목적, 성격, 정신 등을 인식하고 살아나가는 데 있어 중요한 존재론적 원점이 되는 곳이다. 이는 특히 수도승적 수도생활의 전통에서 사용되어 온 명칭으로서 본원과는 명확히 구별된다.

본원 本院 domus princeps 영 principal house

본원domus princeps은 한 회의 전체 행정을 관할하고 집행하는 본부가 자리 잡고 있고 회헌의 규범에 따라 교회법적 선거로 지명된(625조 1항) 회의 최고 장상과 행정진이 상주하는 집을 말한다. 이는 각 회가 고유한 목적과 정신에 따라 교회의 건설과 세상의 구원을 위하여 봉사하고 하느님께 전적으로 봉헌되는 삶을 살아나가는 데 필요한 모든 차원에서의 구심점이라는 점에 그 중요성이 있다. 한편 회 전체 수준이 아닌 한 국가나 지역, 관구의 전체 행정을 담당하는 집을 회 전체의 본원에 비겨 본원 또는 본부 등으로 부르기도 하지만, 관구 본부, 지역 본부 등 좀 더 구체적인 명칭을 사용하는 것이 합당할 것이다.

분원 分院 domus filialis 영 filial house

분원domus filialis은 광의로는 본원을 제외한 다른 모든 집들을 일컬으며, 협의로는 법적으로 설립된 일정한 집(수도원, 자치 수도승원 등)에 종속된 다른 집을 의미한다. 합법적으로 설립된 집과 무관한 독자적인 분원은 있을 수 없다. 이러한 종속성은 주된 수도원의 설립 목적, 행정 및 법률 관계 등에 있어서의 종속도 의미한다. 따라서 분원에 책임자가 있는 경우라도 그는 소속된 집의 원장으로부터 위임받은 범위에서만 일정한 권한을 행사할 수 있다(A.A.S. XVI[1924]95면 이하. 교회법 142조 참조).

현행 교회법전에는 '분원'이란 용어는 없으나 '합법적으로 설치된 집'domus legitime constituita이라는 개념을 사용하면서 (608조) '법적인 수도원이 아닌 그 밖의 다양한 수도공동체'의 실재를 염두에 두고 있다. 실제로 보편 교회법의 특별법에 해당하는 수도회들의 회헌과 고유법은 '법적인 수도원 이외의 다양한 수도공동체의 실재'를 규정하고 있다.

[참고 문헌]

Andrés D. J., *El Derecho de los Religiosos*, Madrid, 1984³, 63-85; Beyer J., *Il Diritto della Vita Consacrata*(이태리어 역본), Milano, 1989, 209-217; *Communicationes* 12 (1980), 134-143; De Paolis V., *La vita consacrata nella chiesa*, Bologna, 1992, 167-180면; Martini A., *La casa filiale*, in *Vita Minorum* 59(1988); Naz R. (Directeur), *Dictionnaire de Droit Canonique*, Paris, 1957, Tome VI, 699-705; Pikaza X., *La casa religiosa*, in *Vida Religiosa* (1981), 382-397; Schaeffer P. T., *De Religisis*, Roma, 1940³, 252; 353.

[기경호]

수덕 ⇨ 수행

수행 修行 라 ascetismus 영 asceticism

그리스어 동사 '아스케오'*askéo, askéin*에서 유래하며, 이 동사는 또 명사 '아스케테스'*asketés*(수행자)에서 나왔는데, 어떤 기술, 특히 운동을 익히기 위한 연습과 훈련을 뜻했다. 후에 그리스 철학자들에게는 '철학 연구'나 '덕행 실천'이라는 의미를 지니게 된다(참고: 사도 24,16 - "그래서 나 또한 하느님과 사람들 앞에서 언제나 거리낌 없는 양심을 간직하려고 애를 씁니다"). 초대 교회에서는 '수행자들'이라는 명칭은 정결 서원을 하고 독신 생활을 하는 사람들을 가리키는 말이었는데, 이것이 수도자들의 수련 행위에 적용되기에 이르렀다.

통상 '수덕'修德과 동의어로 사용되는데, '수행'이 꼭 종교적 차원과 관련된 것은 아니며 행위 자체에 중점을 두는 데 비해 '수덕'은 수행의 결과로 얻어지는, 혹은 수행이 지향하는 덕德의 상태에 중점을 둔 표현이다. 따라서 '수행'이 라틴어의 의미에는 더 충실하지만 종교적 맥락에서는, 특히 그리스도교적 맥락에서는 '수덕'이라는 표현이 적절한 경우가 있다(예: '수덕 신학'). 그러나 이를 '금욕'禁慾, '고행'苦行으로 번역하는 것은 정확하지 않다. 금욕이나 고행, 극기 등은 모두 수행의 다양한 실천적 요소들로서 부정을 통한 실천에 해당하며, 수행의 동의어가 아니고 최우선적 요소도, 본질도 아니다.

그리스도교에서는 특히 하느님의 부르심과 세례의 은총에 대한 인간의 능동적, 구체적, 실천적 응답으로서 하느님의 뜻을 행하기 위한 노력을 가리킨다. 그리스도교적 수행을 정의하는 데 필수적이고 결정적인 요소, 곧 그리스도인에게 진정한 정체성을 부여하는 요소는 '그리스도의 파스카에 참여하게 하는 수난과 죽음을 자유로이 받아들이는 것'이다. 이는 실제로는 삶 안에 존재하는 아픔, 고통, 고뇌, 걱정과 죽음이라는 짐을 자유롭고 기쁘게 받아들이는 것을 뜻한다. 곧 삶 안에서 어떤 식으론가 죽음을 자유롭게 스스로 앞당겨 살아가는 것이다.

이러한 의미의 수행에는 상호 보완적인 두 가지 방식이 있다. 하나는 소극적·수동적 방식으로서 온전한 그리스도 추종과 파스카 신비에의 충만한 참여 및 종말론적 희망을 방해할 수 있는 모든 것을 포기하는 것이다. 다른 하나는 긍정적·능동적 방식으로서 우리 안에서 온전히 그리스도교적이지 못한 것들을 끊는 것이다. 이는 결국 동일한 수행의 두 가지 측면을 이룬다. 수행의 구체적인 행위들은 다음과 같다. ① 그리스도를 온전히 따르는 것을 방해하는 세속을 떠나기 ② 기도 ③ 노동 ④ 침묵 ⑤ 고독 ⑥ 과도하지 않은 육체적 고행(단식, 모든 형태의 극기) ⑦ 순종(그리스도를 따름에 있어서 수도자에게 근본적인 수행) ⑧ 하느님 나라를 위한 독신 ⑨ 가난 ⑩ 마음의 순결.

[참고 문헌]
　Ascesi, in *DTVCi*, 90-98.

[국춘심]

예수 추종 ⇨ 축성생활, 그리스도를 따름과 본받음

예언 預言 라 prophetia 영 prophecy

예언자는 하느님의 부르심을 받고 그 말씀을 다른 사람에게 전하는 자로서, 영감을 받은 대변자이다. '예언자'의 어원인 그리스어 'prophetes'는 예언자의 정체성을 암시하는 말로 '다른 이를 위하여pro 말하는phemi 자'라는 뜻이다. 예언자의 사명은 보이지 않고 들을 수 없는 하느님을 그의 언행으로 증언하는 것이다.

제2차 바티칸 공의회의 교회헌장은 축성생활의 예언자적 차원에 대해 풍부한 어휘로 설명하고 있다. 축성된 자는 "이미 이 세상에 있는 천상 보화를 모든 신자에게 '보여 주고', 그리스도의 구원으로 얻은 새롭고 영원한 생명의 '증거를 드러내며', 미래의 부활과 하늘나라의 영광을 '예고'(교회 44)"하는 사람이다. 이와 같이 축성생활의 예언적 차원은 증거와 직접적으로 연결되며, 그 생활 자체가 예언적 표징이라고 할 수 있다.

축성생활의 이러한 예언자적 성격은 성령께서 하느님의 모든 백성에게 나누어 주시는 그리스도의 예언자적 직무에 동참하는 특별한 형태를 취한다(봉헌 84). 예수 그리스도는 그의 인간적 본성 안에서 아버지께 속하여, 아버지께서 축성하시어 이 세상에 보내신(요한 10,36) 분으로서, "생활의 증거와 말씀의 힘으로 하느님 아버지의 나라를 선포하셨으며 영광이 완전히 드러날 때까지 당신의 예언직을 수행하신다(교회 35)". 축성생활은 이러한 그리스도를 모델로 하여 예언자적 임무를 수행한다.

축성생활의 예언적 기능은 시대의 요청 안에서 교회와 사회에 대한 비판적 양심을 가지는 것이며, 역사의 움직임과 변화 앞에서 존재와 봉사의 새로운 모델을 일으키는 것이라고 할 수 있다. 하느님께서 교회와 세상을 쇄신하시려고, 창설자들이나 수도자 개인을 부르시어 그를 통해 메시지를 주시거나 생명의 운동을 일으키신다. 그들은 교회를 쇄신하고 풍요롭게 하는 하느님의 선물이다. 축성생활은 교회와 사회의 긴 역사 안에서 예언적 요소로서 늘 그 자리를 지켜 왔다. 진정한 예언직은 여러 가지 역사적 상황에서 하느님의 말씀에 주의 깊게 귀 기울이는 데서 비롯된다. 축성생활의 예언자적 증거는 하느님의 뜻에 어긋나는 모든 것을 고발하고, 하느님의 다시 오심을 선포하고 고대하며, 역사 안에서 복음을 실현하고자 새로운 길을 탐색하는 데서 드러난다(봉헌 84).

[참고 문헌]

Pigna A., *La vita religiosa. Teologia e spiritualità*, OCD, Roma 1991.

[박명진]

은사 恩賜 라 charisma 영 charism

그리스어 '카리스마'*charisma*의 어원은 '관대하게 대하다', '선사하다' 등의 뜻을 가진 그리스어의 동사에서 파생된 명사로서 '무상의 선물', '선물'이라는 일반적인 의미를 가질 수도 있고, 그와 함께 전문적 의미를 취할 수도 있다.

신약성경에서는 모두 17번 나타나는데, 그 중 16번은 바오로 서간에서, 한 번은 베드로 1서 14,10에서 나타난다. 바오로는 특히 코린토 1서 14장을 통해 은사를 체계화하고 명료하게 하였다. '은사'의 바오로적 의미는 '교회의 공동 유익을 위하여 신앙인 안에 성령께서 이루시는 하느님 은총의 특별한 선물'이라고 하겠다. '하느님께서 무상으로 베푸시는 행위'가 강조되기에 한국어로 '은사'恩賜로 옮겨진다. 이 용어는 교회 안에서 비교적 근래에 사용되기 시작했지만, 그 말이 의미하는 실제는 교회의 전통 안에, 특별히 수도생활의 역사 안에 늘 현존해 온 영적 유산이다.

제2차 바티칸 공의회에서는 이 주제를 심도 있게 논의하였음에도 불구하고 수도생활과 관련해서는 문헌에서 명시적으로 '은사'라는 용어가 나타나지 않는다. 바오로 6세는 1969년 교도권 차원에서는 처음으로 '설립자의 은사'라는 용어를 도입하였다. 교도권의 문헌에서는 1971년 교종 권고 「복음의 증거」

Evangelica testificatio 제11항에서 '설립자의 은사'라는 말을 처음 사용하는데, 여기에서는 일반적인 수도생활의 은사에 대해서만이 아니고 "설립자의 은사"(11항)와 "수도회의 은사"(32항)에 대해서 말하며, 「상호관계」Mutuae relationes(1978) 11-12항에서도 이 용어가 나타난다. 이후 '수도생활의 은사', '설립자의 은사', '설립의 은사', '수도회의 은사', '원原 은사', '제도적 은사', '수도가족의 은사' 등의 표현들이 교종의 연설과 공적 문서들에서 쓰이기 시작하는데, 요한 바오로 2세의 권고「봉헌생활」 Vita Consecrata에서는 설립의 은사에 대한 창의적 충실성을 강조하면서 다양한 맥락에서 빈번히 사용된다.

수도회의 은사는 수도회의 존재 목적, 삶과 성질, 사명, 영성, 정신 모두를 포함하는 복합적인 개념이다. 다른 말로는 어떤 수도회가 복음을 사는 나름의 방법이요, 하느님으로부터 성령의 선물로 주어진 '공동체의 삶의 총체적 계획'이라고 할 수 있으며, 설립자를 통해 주어진다.

[참고 문헌]

Vanhoye A., *Il problema biblico dei "carismi" dopo il Vaticano II*, in *Vaticano II. Bilancio & Prospettive*, (I), 392; in *DTVCi*; Ciardi F., *In ascolto dello Spirito Santo*, Città Nuova 1996; Buccellato G., *Carisma e rinnovamento*, Bologna.

[국춘심]

의전수도회 ⇨ 의전율수회

의전율수회 儀典聿修會 라 canonici regulares 영 canons regular

그레고리오 개혁 시기(1046-1122)에 나타난 성직자들의 공동체이다. 1059년 로마 공의회(혹은 라테라노 주교회의)는 의전사제들 canonici에게 하나의 규칙서에 따라 복음 삼덕과 공동생활을 지키도록 법령을 제정하였다. 이 때 성직자들 중에서 로마 공의회의 법령을 받아들이지 않는 이들과 구분되어, 개혁을 받아들이고 규칙을 준수하며 가난과 공동생활을 영위하는 이들이 '의전율수자들'canonici regulares이라 불리게 되었다.

히포의 주교 성 아우구스티노의 정신에 따라 성직자들이 주교좌 성당 안에서 독신과 청빈의 공동생활을 목표로 사는 의전사제들이 있었는데 시간이 지남에 따라 지역 본당에 거주하며 홀로 생활하게 되었고 이를 통해서 성직자들의 축첩과 재산 소유의 문제가 불거지게 되었다. 이러한 상황 속에서 지역 주교들은 의전사제들을 개혁시키려는 노력들이 있었는데 이것이 그레고리오 개혁 시기에 보편 교회에 적용되게 되면서 의전율수회가 탄생하게 되었다. 당시 교종과 주교들이 제시한 의전율수회의 모습은 수도승과 같은 관상생활과 사목자로서의 사도직 활동을 겸비하게 함으로써 재속사제들의 모범이 되었다. 의전율수회는 그들의 특별한 정체성과 고유의 카리스마를 가지게 되었는데 그 특징은 다음과 같다. 1) 성직자들이 성 아우구스티노 규칙에 따라 생활하는데 2) 아빠스를 선출하고 그 권한 아래 가난과 공동생활을 영위하며 3) 신자들의 사목과 젊은이들의 교육, 선교 그리고 자선 사업 등의 활동 등을 한다.

각 의전율수회들은 '새 규범'Ordo novus을 따르는 수도회(아우구스티노의 두 번째 규칙서Ordo monasterii에 따라 노동과 금욕을 통해 매우 엄격한 생활을 하였으며 '쁘레몽트레회'Canonici de Prémontré가 대표적이다)와 '옛 규범'Ordo antiquus을 따르는 수도회(아우구스티노의 세 번째 규칙서 Praeceptum에 따라 사목 활동과 절제, 검소한 공동생활 등 '새 규범'을 따르는 수도회에 비해 다소 완화된 생활을 하였으며 대표적으로 '라테라노의 지극히 거룩한 구세주회'Canonici Regolari della Congregazione del Santissimo Salvatore Lateranense가 있다) 두 가지 중 하나를 채택하였었다. 우리나라에는 의전율수회가 들어와 있지 않다. 현재의 의전율수회들은 교황청 연감에 따라 독립된 수도회ordo religiosus 범주에 속하며 더 이상 주교에 소속되어 있지도, 주교좌 성당에 있지도 않으며 사도직이 본당 사목과 교구 전례 거행에 국한되어 있지도 않다.

의전율수회는 그 동안 한국 교회 안에서 여러 단어로 번역되어 왔다. 『한국가톨릭대사전』에는 '의전 수도회'로, 주교회의 『천주교용어자료집』(2014)에는 '규율의전사제' 혹은 '의전사제 수도자'로 표기되어 있으며 번역자에 따라 '규율 수도회'나 '의전참사회', '정규 참사회' 등으로 옮겨지기도 했다. 라틴어 '카논'canon은 '법'이나 '규칙'을 의미할 뿐만 아니라 중세기에는 '한 성당에 고정적으로 소속됨'을 뜻하기도 하였다. 그래서 '카노니쿠스'canonicus는 성직자들 중 '자신의 주교를 따르는 사제들을 구분하는 표현'이었다. '의전'儀典이라 함은 '정해진 격식에 따라 치르는 행사'이며 교회 안에서 전례 행위가 중점이 되는 성격에 가깝다. 역사 안에서 수도승회와는 달리 의전율수회들의 경신례는 교회 자체로부터 나온 직무의 봉사였으며 이들의 일차적 목적 또한 신자들의 '사목'이었다. 하지만 쁘레몽뜨 회 같은 경우는 오히려 전례를 간소화시켰으며 전례의 성대함은 더 이상 의전율수회canonici regulares의 고유 목적이라 볼 수 없고 단지 그들의 기원을 표현해 주는 단어라 할 수 있다.

현행 교회법에 명시된 "의전사제단"(교회법 503-510조)은 canonici(saeculares)에 관한 조항이며 오늘날 의전율수회를 규정하는 특징들과도 구별된다. Regulares는 '규칙'regula을 준수하는 이들에 해당되는 말이므로 '수도'修道라는 표현보다는 프란치스칸 전통에서 번역한 '율수'律修가 더 정확한 표현이라 할 수 있다. 그러므로 이들의 생활 양식과 역사 안에서 불리게 된 의미를 생각해 본다면 그들의 기원인 '의전'canonicus과 규율을 준수한다는 '율수'regulares의 의미를 살려 '의전율수회'로 표기하는 것이 이들의 특성을 가장 잘 나타내 주는 것이라 할 수 있다.

[참고 문헌]

Álvarez Gómez J., 황경희 역, 『역사의 도전 앞에 선 수도생활』, 생활성서 2004, 110-118; *Id.*, 강운자 역, 『수도생활역사 II』, 성바오로 2002, 114-139; *Annuario Pontificio del 2013*, Città del Vaticano 2013; Egger C., *Canonici regolari*, in *DIP*(2), 46-63; Niccolò II, *Canoni del Concilio Romano*, 13 aprile 1059, can. IV, in *EVC*, 56.

[정대현]

양성 養成　라 institutio, formatio 영 formation

축성생활자가 사회와 교회 안에서 고유한 정체성에 대한 인식을 확립하고 복음과 교회의 가르침 및 설립자의 은사에 따라 하느님 백성의 필요에 효과적으로 응답하는 사명을 수행하기 위해 필요한 이론적·실천적 학습을 포함한 총체적 교육을 가리킨다.

한국 교회의 현행 용어통일안에서는 '양성'이 아닌 '교육'이라는 용어를 선택하고 있고, 교회 문헌의 공식 번역 안에서도 '양성', '교육'이라는 말이 혼용되고 있다. 그러나 언어학적으로 '교육'은 축성생활자의 '양성'을 가리키기에는 너무 광범위하고 일반적이며, 다른 한편으로는 특정 학습 과정이나 양성의 구체적 프로그램을 가리키므로 '교육'이라는 용어에 실제로 이해되는 '양성'의 의미를 부여하는 것은 적절치 않다. 서양 언어에서도 두 용어의 의미는 구별이 뚜렷하다.

교회법전에서도 '포르마씨오'formatio는 '양성'으로 번역한다(661조 참조). 그러나 교회법에서 많이 사용하는 '육성'institutio이라는 용어는 오히려 '교육'으로 번역됨이 바람직하다. 한국어에서 '육성'은 '기르다' '조성하다'의 의미로, '영재 육성', '선수 육성' 등 상당히 지엽적인 의미로 쓰이기 때문이다. 무엇보다도 교회 안에서 축성생활자만이 아니라 평신도와 사제의 경우에도 보편적으로 상용되는 거의 굳어진 표현인 '양성'을 표준 용어로 정함이 바람직하다.

참조: 교회법 661조: "수도자들은 전 생애를 통하여 자기의 영적, 학문적, 실천적 양성을 성실히 수행하여야 한다".

계속 양성 이 formazione permanente 영 ongoing formation

축성생활 안에서는 종신 서원 후에 이어지는 양성을 가리킨다. 복음 권고의 서원을 통한 축성 봉헌을 생애 동안 꾸준히 완성해 가기 위해서는 종신 서원 후에도 항구한 양성이 필요함을 수도생활 교령은 확인해 준다. "회원은 평생 동안 이러한 영성, 교리, 전문 기술의 소양을 갖추도록 끊임없이 노력하여야 하며, 장상들은 힘닿는 대로 이러한 기회와 수단과 시간을 마련해 주어야 한다"(18ㄷ).

한국 천주교회의 현행 용어통일안에서는 '계속 교육'이라는 용어를 선택하고 있으며, 교회 문헌의 공식 번역에서는 '계속 교육'과 '지속 교육'을 혼용하고 있다('계속 교육': 봉헌 69, 수도자 66-68, 71 등; '지속 교육': 수도자 67ㅁ, 69ㄱ, 108ㄱ 등). 사실 '계속'이라는 말은 원래의 의미를 분명히 드러내지 못하는 지나치게 일반적인 표현이다. 여러 수도회들 안에서는 실제로 '생애 양성', '평생 양성', '영속 양성', '평생 교육', '생애 교육' 등 다양한 용어가 쓰이고 있는 현실이다. 따라서 수도회들이 함께 숙고하여 통일된 용어를 선택할 필요가 있다 하겠다.

(→ 양성)

입문 양성 ⇨ 초기 양성

초기 양성 이 formazione iniziale 영 initial formation

입회부터 종신 서원에 이르기까지 축성생활을 위한 하느님의 부르심에 온전히, 그리고 충분히 인식하면서 응답할 수 있도록 돕기 위한 영적, 이론적, 실천적 교육을 통한 양성을 가리키며 '초기 양성'이라고도 한다. 통상 수련기 전의 과정(지원기와 청원기 포함), 수련기, 유기서원기로 이루어진다. 교회 문헌의 공식 번역에서는 '기초 교육', '초기 교육', '첫 교육' 등 혼동의 위험이 있는 정확하지 않은 다양한 용어로 번역하고 있는데(참고: 수도자 25, 28, 66-68, 71, 79, 81, 108) '초기 양성'으로 통일하는 것이 바람직하다.

[국춘심]

장상 長上 라 superior 영 superior

공동생활 형태의 수도생활이 시작되면서 제도화가 시작된 수도 장상은 'abbas', 'minister', 'prior', 'superior' 등 여러 명칭으로 불리었다. 수도생활 초기에 장상은 제도적 권위를 지닌 사람이 아니라 '사랑의 봉사를 위한 권위와 영적 길잡이'를 뜻했다. 그런데 우리말 용어에서는 수도회마다 다양한 명칭을 사용함으로써 때로는 애매한 경우도 발생한다. 예컨대 지역 장상인 수도원장을 공동체 책임자라고 부르는 회도 있는가 하면, 어떤 회에서는 공동체 책임자는 법적인 수도원의 장상이 아닌 소공동체(분원)의 책임자를 가리키기도 하기 때문이다. 따라서 장상 개념에 대한 올바른 이해가 필요하다고 본다.

신학적인 관점에서 보면, 장상은 하느님의 영과 고유 은사에 충실한 사람으로서 구성원들의 영적 여정에 동반하고, 공동체 형제자매들과 생활을 함께 하면서 사랑으로 그들을 섬기며 형제적 일치를 돕는 사람이다. 따라서 장상의 주요 임무는 "무엇보다도 하느님을 찾고 사랑하는 형제적 공동체"(교회법 619조)를 건설하고 구성원들의 영적 성장을 촉진하는 것이다. 그러므로 장상은 개인 생활과 관련하여 또 형제 생활의 발전을 위하여 언제나 영성의 수위성首位性을 확신하는 사람이어야 하고(공동체

48; 봉헌 43), 하느님께서 당신 자녀들을 사랑하시는 바로 그 사랑을 형제자매에게 다시 생생히 전달하도록 부름 받고 있다(권위의 봉사 14). 또한 장상은 경청, 대화와 나눔과 공동 책임을 위해 바람직한 분위기 조성, 모든 이의 관심사에 모두 이바지하도록 권장하기, 개인과 공동체를 위한 봉사, 공동체의 식별 등에 봉사하여야 한다(권위의 봉사 20). 수도회 장상은 맡은 직무의 힘으로, 하느님의 법과 교회의 법, 교황, 자기 수도회의 고유법에 순명하여야 한다(권위의 봉사 14).

교회법적인 관점에서 수도회 장상이란 넓은 의미로는 수도회에서 권한과 권위를 지닌 자연인 또는 법인을 말하며, 좁은 의미로는 회에 소속되어 고유한 직무와 명칭을 지니며 교회법적으로 설립된 회 전체 또는 다양한 부분들 또는 회원에 대한 권한을 지닌 자연인을 일컫는다(617-630조).

장상은 크게는 상급 장상superior maior과 지역 장상local superior으로 나뉜다. 상급 장상은 수도회 전체 또는 관구 또는 관구와 동등한 일부분, 또는 자치 수도승원을 다스리는 이들과 그 대리들이다(620; 613조 2항 참조).

우리말 교회법전과 주교회의 간행 용어집에서 선택한 '총원장'總院長이라는 용어는 수도회 내의 모든 수도원들을 총괄하는 장상을 뜻할 수도 있으나 그다지 적절한 용어는 아니라고 본다. 왜냐하면 '총원장'은 한 수도회의 전체 행정을 관할하는 본부가 있는 집을 통할하는 지역 장상을 가리키기도 하기 때문이다. 본부수도원을 본원이라 하고 그 장상을 '본원장'이라 부르기도 하지만, '총원장'이란 용어와 혼동될 수 있다. 교회법전은 수도회 전체의 상급 장상을 '총원장'(686조), 재속회 최고 장상을 '총회장'(717조 2항)으로, 사도생활단의 최고 장상을 '총장'(745조)으로 달리 옮겼으나 원문은 동일한 'supremus moderator'이다. 모두 통일해서 '총장'이라 부르는 것이 적절하다고 본다.

지역 장상은 상급 장상이 아닌 '그 밖의 장상들'(622조)이다. 지역 장상은 일정한 수도원을 다스리는 장상으로서 '원장', '수도원장', '수호자', '공동체 책임자' 등으로 불린다. 그는 수도회나 관구에 속하는 회의 일부인 수도원을 고유법이 부여한 권한과 임무 범위 안에서 다스린다(622조).

(→ 평의회, → 총회)

[참고 문헌]

AA.VV., *Comentario exegético al codigo de Derecho canónico, (Obra coordinada y dirigida por A. Marzoa, J. Miras y Rodríguez Ocaña)*, II/2, Pamplona 1997^2, 1539-1567; Andrés D. J., *Le Forme di Vita Consacrata*, Roma, 2005^5, 138-158; De Paolis V., *La vita consacrata* nella chiesa, Bologna 1992, 189-215; Lesage G., *Renouveau de la vie religieuse*, Paris 1985, 107-125; Piñero Carrion J. M., *La ley de la Iglesia* I, Madrid 1985, 578-581.

[기경호]

재설립 ⇨ 재창설

재속회 在俗會 라 institutum saeculare 영 secular institute

재속회는 그리스도교 신자들이 세속에 살면서 애덕의 완성을 향하여 노력하고 세상의 성화를 위하여 특히 그 안에서부터 기여하기를 힘쓰는 축성생활회이다(교회법 710조). 재속회는 "세속의 현실 한가운데서 복음 권고의 선서를 통하여 세상에서 하느님께 축성된 삶을 추구하는 사람들"로서 "하느님을 섬김에 자신을 완전히 봉헌하지만 세상의 일상생활을 통한 활동이 성령의 힘으로 현세적 실재에 복음의 빛을 비추는 데에 이바지하는(봉헌 10)" 사람들의 단체이다.

재속회는 교회법상의 '제3회'와 명확히 구별해야 한다. 제3회란 "회원들이 세속에서 어느 수도회의 정신에 동참하여 그 수도회의 상급 지휘 아래 사도적 생활을 살고 그리스도교 완성을 향하여 노력하는 단체들"(303조)을 일컫는다. 제3회는 축성생활회가 아니다. 따라서 '가르멜 재속회', '프란치스코 재속회' 등으로 잘못 불러서는 안 될 것이며, '가르멜 제3회' 또는 '재속 가르멜회', '재속 프란치스코회' 등으로 불러야 옳다.

재속회는 축성생활회에 속하지만 수도회가 아니다. 따라서 재속회 회원은 자기의 봉헌에 의하여 축성생활회에 관한 법 규정은 지키지만, 하느님의 백성 안에서 평신도나 성직자로서의 고유한 교회법 상 신분이 변경되지는 않는다(711조). 재속회의 회원은 수도자가 아니다(수도 11참조). 그래서 재속회원들은 사회 안에서 각자의 상황에 적합하게 교회의 사명에 충실히 참여하면서 축성생활을 하는 것이다. 재속회의 회원은 교회에 의해 하느님께 봉헌되고 축성된 신자이지만 그렇다고 수도자가 되거나, 그들의 회가 수도회가 되는 것은 아니다. 재속회 회원이라도 평신도는 여전히 평신도로서, 성직자는 여전히 교구 소속의 성직자로서 축성생활자이다.

재속성, 축성 봉헌, 그리고 사도직, 이 세 가지 모두는 재속회를 특징짓는 필수 요건이다. 그러나 모든 재속회에는 또 다른 두 가지 특징이 있는데, 각 단체는 각자의 고유한 특성을 지니며, 모든 단체가 교회와 긴밀한 일치의 유대 속에 있다는 것이다. 고유한 특성이라 하면 회원들을 하나의 정신으로 일치시키고, 회원들을 가족적인 닮은 모습을 지니도록 하는 성령이 감도하시는 그들만의 은사를 말하고, 교회와의 긴밀한 일치라는 것은 교계가 주는 승인의 의미이다. 이는 은사의 공적 인정만이 아니라 그들의 삶과 회원들에 대한 공적 승인을 뜻한다.

재속성

재속회의 특징인 '재속성'은 그들의 사회적인 조건만을 보여 주는 것이 아닌, 평신도나 사제들과는 또 다른 방법으로 이 세상에 사는 존재 양식과 사도적 활동 자세를 나타낸다(『재속회에 관한 소견서」, 29-30). 이 두 가지 측면을 동시에 지니고 있는 재속성이 바로 다른 축성생활회들과 구별 짓는 특징이라고 할 수 있다. "재속회원은 세상에 속하지 않지만, 그들은 세상 안에 그리고 세상을 위하여 존재한다. 교회의 이 '새로운 양식'이 지니는 특징은 하느님의 빛이요 소금이며 누룩으로서 진복팔단의 핵심을 세상 한가운데에서 분명하게 사는 것이다(E.F. Pironio 추기경, 재속회 제2차 라틴 아메리카 대회에 보낸 메시지)".

축성 봉헌

재속회원들은 세속에서 복음적 권고를 따를 것을 선서하며 이 선서는 진실하고 완전한 것이어서 교회로부터 인가된 것이다. 그러나 재속회 회원은 엄격한 의미의 공적 서원을 하지 않는다. 그렇다고 외적 법정에서 교회에 인정받지 못하고 오로지 내적 법정에만 속하는 엄격한 의미의 사적 서원을 하는 것도 아니다. 이들이 복음적 권고를 받아들이는 유대는 교회에서 인정하는 사적 서원 곧, 반공적半公的 서원 또는 사회적 서원이라고 일컬을 만하다(1994년 Canal의 재속회에 관한 언급에서). 아무튼 이 선서는 세속에서 생활하는 남녀 평신도와 성직자를 축성 봉헌하는 것이므로 재속회원들은 완전한 사랑으로 말미암아 하느님께 대한 완전한 자기 봉헌을 특히 지향하여야 한다.

사도적 특성

재속회 회원들은 자기의 고유한 축성을 사도적 활동으로 드러내고 실행하여야 하며, 또한 그리스도의 몸의 강화와 성장을 위하여 누룩처럼 모든 것을 복음 정신으로 흠뻑 적시기를 힘써야 한다(713조 1항). 이는 세상 안에서 직업, 활동, 조직, 환경들 안에서 사도직을 세속적인 조건과 조화를 이루며 살아가기를 초대하는 것이다. 평신도 회원들은 그리스도교인 생활과 자기의 축성에 대한 충성의 증거를 통하여 또는 현세 사물을 하느님께 맞게 정돈하고 세상을 복음의 힘으로 교화하도록 돕는 원조를 통하여 세속 안에서 또 세속으로부터 교회의 복음화 임무에 참여한다. 또한 그들의 고유한 재속 생활 방식에 따라 교회 공동체의 봉사에 협력을 제공한다(713조 2항). 성직자 회원들은 축성 생활의 증거를 통하여 특히 사제단 안에서 특별한 사도적 애덕으로써 동료들을 지원하고 하느님의 백성 안에서 자기의 거룩한 교역으로 세상의 성화를 성취한다(713조 3항).

[참고 문헌]

AA.VV., *Comentario exegético al codigo de Derecho canónico*, *(Obra coordinada y dirigida por A. Marzoa, J. Miras y Rodríguez Ocaña)*, II/2, Pamplona 19972, 1811-1879; Andrés D. J., *Le Forme di Vita Consacrata*, Roma, 20055, 745-773.

[기경호]

재창설/재창립 再創設/再創立 라 refundatio 영 refoundation

일반적으로 수도회의 궁극적 근본이나 수도회를 탄생시킨 설립의 영감을, 곧 제도화의 과정에 의해 숨겨졌거나 질식된 설립 은사를 재발견해 가는 과정을 가리키는 재창설은 제2차 바티칸 공의회가 촉발한 쇄신 운동의 가장 앞서가는 물결이자 가장 철저한 형태로 간주된다. 미국에서 사회학적·인류학적 발전에 힘입어 더 분명하게 다듬어진 재창설의 개념은 라틴 아메리카와 유럽에서, 특히 스페인어권에서 현저하게 발전되어 있다.

수도회들은 현재의 문화적 도전에 응답하고, 설립 은사를 창의적인 방식으로 재발견하도록 부름 받고 있다. 이는 창설자와, 그리고 수도회의 역사와 우리 시대의 사람들과 나누는 내밀한 친교와 대화 및 시대의 징표를 주의 깊게 읽는 것과 성령의 호소에 대한 식별을 내포한다.

바오로 6세의 자의 교서 「거룩한 교회」*Ecclesiae sanctae*는 이미 공의회가 제시한 '적절한 쇄신'을 위해 "수도회의 본질과 목적이 아닌 것들로서, 그 의미와 효력을 상실하여 수도생활에 더 이상 실질적인 도움을 주지 못하는 것들"(17항)인 구습에서 벗어날 것을 촉구한다. 설립 정신과는 구별되는 이 우연적·가변적 요소들에는 수도회의 창설지를 비롯한 특정 지역과 특정 문화에 연결된 요소들로서 세월 속에서 신성시되거나 박제화된, 기도와 수행의 방식과 관습들, 사도직이나 직무의 영역에서의 생활의 표현들만이 아니라 수도회의 조직도 포함된다.

재창설은 그저 과거의 반복일 수는 없고, 설립자와 첫 공동체 이후의 발전과 체험을 없애 버리는, 무無로부터의 창조일 수도 없으며, 창설 은사에 대한 충실성 안에서 성령께서 주도하는 창조적 과정이다. 따라서 창설자와, 초기 공동체와, 그리고 역사를 통해 수도회의 은사를 살아 온 사람들과의 생생한 친교 안에서 오늘날의 교회와 인류에게서 솟아나는 새로운 호소들을 읽는 단계들이 요구된다. 수도회의 시초에 주어진 은사적 영감에 비추어 새롭고 창의적인 방법으로 그 호소들을 읽어 냄으로써 적절한 방법으로 응답하고자 하는 것이다. 이런 의미에서 예컨대 해산된 수도회가 다시 회복되는 것과 같은 단순히 법적인 차원의 재설립과는 구별된다.

이렇게 정체성에 대한 충실성과 시대의 징표에 따른 창의적 실현을 목표로 하는 재창설은 창설자의 의도와 이상을 역사적·사회적·문화적 맥락에서 분리시켜 오늘날의 문화 형태로 새롭게 표현하고자 한다. 따라서 수도회의 재창설은 "창설자가 오늘날 우리의 입장에 있다면 어떻게 했을까?"라는 질문에서 출발한다. 오늘을 읽기 위한 열쇠는 창설자들을 자기 시대의 징표들을 읽고 그에 대한 응답으로 인도해 갔던 초기의 은사적 영감에 의해 주어지기 때문이다. 따라서 재창설은 과거로 돌아가기보다 미래를 겨냥한다. 곧 오늘날의 사회로부터 주어지는 도전에서 유래하는 그 새로움의 방향으로 가야 한다는 요구인 것이다.

아버클G. Arbuckle은 재창설의 은사를 받은 개인들은 "창설자들에 의해 주어진 복음화의 비전을 다시 발견하고 그 비전에 새로운 생명, 새로운 힘, 새로운 전망을 부여"하며, "창설자의 은사와 교회의 사명과 하느님 백성의 필요와 우리의 자원에 비추어서 용감하게 우리의 행동을 평가할 줄 안다"고 말한다.

오늘날에는 개별 수도회의 재창설만이 아니라 수도생활 자체의 재창설을 이야기하기도 한다. 너무 격렬하고 지구적이며 유례없는 속도로 이루어지는 현대 사회의 문화적 변천 속에서 단지 수도회의 목적이나 수단을 재해석할 필요성만이 아니라 수도회의 신학적 실제적 의미와 수도회가 교회 안에서 얼마나 유효하게 표징이 되고 있는가를 재해석해야 할 필요 앞에 수도자들은 처해 있다. 수도생활 자체에 대한 전반적인 재고가 요구되는 것이다.

[참고 문헌]

Arbuckle G., *Out of Chaos: Refounding Religious Congregations*, New York, 1989; Ciardi F., *In ascolto dello Spirito Santo: Ermeneutica del carisma dei fondatori*, Roma 1996, 28-35; *DTVCi*, pp. 320-321.

[국춘심]

증거 證據 라 testimonium 영 testimony

그리스도인의 선교 사명을 종합하는 본질적인 요소는 삶으로써 그리스도와 그분의 복음을 증언하는 데에 있다. 예수님께서는 우리에게 아버지를 보여 주시고 참되게 증언하기 위하여 오셨으며, 예수님께서 사도들에게 맡기신 주된 임무는 당신의 삶과 죽음, 부활에 대해 증언하는 일이었다. 축성생활의 설립자들은 다양한 역사적 순간에 예수님의 생애와 그분의 내적인 자세, 그리고 그분의 생활 양식을 성령을 통해 재해석함으로써 축성생활의 새로운 형태를 일으켜왔다. 이러한 축성생활의 정체성에 대한 이해는 축성된 모든 이들로 하여금 예수님께서 사셨던 신비에 직면하게 하며, 따라서 그들의 신원은 배타적이며 유일하게 예수님께 의지해서만 정의된다고 하겠다. 이와 같은 맥락에서 축성생활자들의 사명이라는 것 역시도 필연적으로 예수님께서 행하셨던 사명에 고유한 방식으로 참여하는 것으로서 이해할 수 있는데, 이러한 축성생활을 통한 사명 수행의 신학적 의미를 보다 풍요롭게 표현해 주는 개념들 중 하나가 '증거'이다.

그리스도의 생활의 증인으로서 축성된 이들의 첫째이며 가장 근본적인 사명은 자신 안에 그분을 받아들이는 일이며, 그분께서 당신의 사명을 완수하실 수 있도록 자리를 마련하는 일이다. 달리 말하자면, 축성된 사람들의 사명이란 외적인 활동 이전에 생활이어야 하며, 자신 안에 그분의 인성을 수용함으로써 그리스도의 구원 사업을 육화시키는 자리가 되는 일이라는 것이다. 이에 대해서 「봉헌생활」 76항에서는 다음과 같이 설명한다.

"축성된 사람들의 복음화에 대한 고유의 공헌은 무엇보다도 인간에 대한 사랑 때문에 스스로 종이 되신 구세주를 본받아 하느님과 형제자매들에게 온전히 헌신하는 삶의 증거입니다. […] 축성된 사람들은 그들의 축성과 온전한 헌신을 통하여, 아버지의 축성을 받고 파견된 그리스도의 구원하시는 사랑의 현존을 눈으로 볼 수 있게 합니다. 그들은 그리스도께서 그들을 붙드시도록(필리 3,12 참조) 내맡김으로써, 어떤 의미에서는, 그분의 인성을 이어갈 준비를 합니다".

이처럼 그리스도의 신비를 살아가고 이에 동화되는 고유한 방식이야말로 축성생활의 다양한 형태를 통해 증언하는 근본적이며 핵심적인 내용이다. 즉 축성생활자들은 말보다는 그들의 표양을 통해 예수님께 대한 충실성을 삶으로 증언함으로써, 또한 현세 권력에 맞서 자유를 증언하며, 복음적 권고의 실천과 성덕 생활의 표양으로써 복음화에 기여한다(복음선교 41 참조). 이로써 그들은 참 행복의 정신이 아니고서는 세상을 변화시킬 수 없다는 사실을 삶으로 보여주며 복음의 근본적인 가치를 일

깨워주는 인격적 증거를 통해, 그리고 형제적 생활 안에서의 공동체적 증거로써 그리스도의 사명을 지속해나가는 책임을 수행하게 되는 것이다.

[참고 문헌]

Pigna A., *La vita consacrata. Trattato di teologia e Spiritualità. I. Identità e missione*, Roma 2002/ Tuñi Vancells J. O., *Testimonianza*, in *DTVCi*, 1739-1752.

[백남일]

징표 ⇨ 표징

창립자 ⇨ 설립자

창설자 ⇨ 설립자

총회 總會 라 capitulum generale 영 general chapter

수도회의 운영의 두 주체는 개인인 '장상'과 합의체인 '회의'이다. 이 수도회 전체의 합의체적 회의를 총회라 한다. 그런데 한국 교회에서는 총회가 아닌 '관구회의'나 '지구회의', '연례회의' 등도 '총회'라 하는 등 부정확한 개념을 사용하는 사례도 있다. 따라서 총회에 대한 개념의 올바른 이해가 필요하다.

총회는 수도회의 개인적 운영 주체인 장상과 달리 회원 전체가 고유법이 정한 방식에 따라 동일한 권리와 의무를 가지고 의결에 함께 참여하는 합의체 사단법인이다(교회법 115조 2항). 총회는 법적으로 회 내에서, 그리고 회를 위하여 최고 권위를 갖는다. 그러나 총회는 회헌이 부여한 범위 내에서 권한을 가진다. 총회는 정한 회기 중에 사랑 안에 일치를 이루며 총장의 선출, 안건 처리, 법규의 제정 등 중요 업무를 합의체로 수행하는 비상설非常設 기구이다. 다른 기구나 장상으로부터 독립적인 법적 지위를 갖는 기구이다. 따라서 총회의 권한은 총장보다 상위에 있다.

신학적인 관점에서 볼 때, 총회는 형제적 친교와 양성의 중요한 계기이며, 경직되기 쉬운 제도를 수도회 고유 영성과 은사에 비추어 재검토하여 살아갈 수 있도록 도와 주는 전환점이다. 총회는 회 고유의 유산을 보존하고 모든 회원이 창설자의 카리스마와 회의 정신을 잘 살아나갈 수 있도록 공동의 방향을 찾고 제시하는 모임이다.

총회는 회헌이 달리 규정하지 않는 한 차기 의회를 위해 선출되는 대표자들의 수와 그들의 선출 방법을 정해 두고 있다. 총회는 수도회 전체를 대표하여야 하고 모든 회원들의 생각과 뜻을 대변하여야 한다. 다양한 이유로 전원 참여식 총회를 할 수 없어 대의원 참여식 총회를 하는 경우 대의원은 연령, 사도직, 지역, 국가, 직책 등을 고려하여 대표성을 충분히 발휘하고 전 회원의 의사를 충분히 수렴할 수 있는 기준에 따라 선출되어야 한다. 대표자는 대개 당연직ex officio과 선출직ex electione 대의원으로 구성된다.

(→ 장상)

[참고 문헌]

AA.VV., *Comentario exegético al codigo de Derecho canónico, (Obra coordinada y dirigida por A. Marzoa, J. Miras y Rodríguez Ocaña)*, II/2, Pamplona 1997^2, 1581-1589; Andrés D. J., *El Derecho de los Religiosos*, Madrid, 1984^3, 160-185; Beyer J., *Il Diritto della Vita Consacrata*(이태리어 역본), Milano, 1989, 255-270; Iannone F., *Il capitolo generale. Saggio storico-giuridico*, Roma 1988.

[기경호]

추인과 승인

일정한 법률 행위나 행정 행위를 유효하게 하는 법률상의 방식에는 승인, 추인, 인준, 허가, 인가 등이 있다. 우리말이나 외국어 모두 용어가 혼용되는 경우가 많아 어려움을 주고 있다. 상급 관할권자는 소속 단위체나 개인에 의해 이루어진 결정이나 행위에 대해 유효한 것으로 확정되도록 동의하거나 허용하는 법률 행위를 추인, 승인, 허가, 인가 등 다양한 방식으로 행한다. 이러한 권한을 부여받은 관할권자는 소속 단위체나 개인의 결정 사항에 대해 법 규정에 따라 추인confirmatio, 추인하지 않음non confirmare, 승인approbatio, 승인하지 않음non approbare, 수정 modificatio, 유예dilatio 등의 결정을 내릴 수 있다.

수도회 통합과 관련하여 특히 승인과 추인의 구분이 매우 중요하다. 왜냐하면 이는 수도회를 통할하는 장상의 일방적인 권한 행사 방식에 속하는 것으로서 이를 구분하지 못하거나 그 권한을 잘못 사용할 경우 회의 방향이나 회원들의 생활에 미치는 영향이 매우 크기 때문이다. 추인의 경우 취소 가능한 행위, 결함 있는 행위, 무효인 행위 등에 대해 보완해 주면서 그 행위를 유효하게 해 주는 것인데, 오히려 회원들의 의사에 반하는 권한 행사로 남용할 경우 회 전체에 심각한 어려움을 주기도 한다. 승인의 경우는 장상의 일방적인 권한 행사와 관련되는 것이므로 그 행사에 있어 더욱 신중해야 할 필요가 있다.

추인 追認 라 confirmatio, ratihabitio 영 confirmation

추인은 일반적으로 일정한 행위가 있은 뒤에 그 행위에 동의하는 것으로서, 취소할 수 있는 행위나 취소하려고 생각하지 않았던 행위를 유효한 것으로 인정하는 법률 행위이다. 추인은 민법상으로는 결함 있는 법률 행위를 '추후에' 보충하여 완전하게 하는 '사후 동의 행위'를 말한다. 추인은 취소할 수 있는 행위에 대해 취소권을 포기하는 경우, 결함이 있는 행위를 보완하여 완전하게 함으로써 유효한 법률 행위가 되도록 하는 경우가 있다. 무효 행위는 추인하여도 유효로 되지 않지만(민법 139), 무효임을 알면서 추인했다면 그 행위는 유효하다(민법 139조 단서).

상위 관할권자는 자문 기구의 자문이나 동의를 받아 추인하도록 법에 규정되어 있다면 추인에 앞서 그 절차를 거쳐야 한다. 관할권자는 그 절차가 합법적이었다면 추인을 거부할 수 없으나(교회법 179조 2항 참조), 법률 절차나 내용에 결함이 있거나 오류가 있는 경우에는 '추인하지 않을 수 있으며', 그 밖의 이유로 '추인을 늦출 수도 있다'. 그러나 추인은 무기한으로 늦출 수는 없다. 추인을 청하는 이는 정해진 기간 내에 추인을 청해야 하며, 청구하지 않으면 모든 권리를 빼앗긴다(179조 1항).

다만 추인을 청구할 수 없었던 정당한 이유가 있었다면 그렇지 않다. 추인을 위한 경과 기간이 법으로 정해진 경우 추인권자는 그 기간이 지나면 추인해야 하며(165조), 법이나 정관으로 달리 규정되어 있으면 그에 따른다. 법률 규정이 없는 경우에는 일정 기간 안에 추인을 청하는 쪽이나 요구받은 쪽에서 상위 권한자의 개입을 요청해야 한다. 일반적으로 추인은 서면으로 수여되어야 하고, 통고를 받으면 유효한 법적 효과를 발생한다(179조 참조).

승인 承認 라 approbatio 영 approbation

승인approbatio은 타인의 행위에 대하여 그것을 정당하고 유효한 것으로 인정하는 일방적 행위를 말한다. 사법상으로는 이미 발생한 사실이나 행위를 정당한 것으로 인정하여 법률 효과를 분명하게 하는 것으로서 채무의 승인의 경우처럼 단순한 관념의 통지인 경우가 많고, 공법상으로는 국가 기관이 다른 기관이나 개인의 특정한 행위에 대하여 부여하는 인가, 허가 등을 통한 동의를 뜻한다. 한편 국제법상으로는 국가나 정부에 대하여 국제적인 지위를 인정한다는 의미로 쓰인다.

정치외교적으로는 다른 나라의 행위나 상황 등에 대한 긍정적인 의사표시를 말하며 이 경우 'rocognition'(승인)이란 용어를 쓰며 보통은 승인하면 그에 대해 이의 제기를 할 수 없다. 교회법상 중요한 승인은 입법권자에 의한 관습의 승인(23조), 교령에 의한 축성생활회의 설립 승인(589조), 교회 관할권자에 의한 회헌의 승인(587조 2항), 축성생활회의 새로운 형식의 승인(605조), 정관의 승인 등이 있다. 법이 달리 규정하지 않는 한 관할권자로부터 승인받은 사항을 변경하려면 그에 대한 관할권자의 허가를 받아야 한다(583조).

[기경호]

축성생활 祝聖生活 라 vita consecrata 영 consecrated life

"서원을 통하여 또는 그 고유한 특성에서 서원과 비슷한 다른 거룩한 결연을 통하여 세 가지 복음적 권고의 의무를 받아들이는 그리스도인(교회 44ㄱ)"의 고정된 생활 형태를 가리킨다(교회법 573조 1항 참조). 한국 천주교 주교회의 용어위원회는 2012년 남녀 수도자 장상연합회의 의견을 참고하여 이러한 생활 형태를 가리키는 라틴어 'vita consecrata'의 번역어로 '봉헌생활', '축성생활' 두 용어를 함께 사용하는 것으로 결정하였다(참조: 중협주 2012-414호; 여자 장상연 제 2012 - 076). 이는 주교회의가 1997년 동일한 단어를 '봉헌생활'로 번역하기로 했던 결정을 보완한 것이다.

'축성'이라는 말은 수도자들의 신원을 가리키는 단어로 오래 전부터 사용되어 왔다. 4세기 말에 동정녀들의 축성은 아주 일반화되어 있었음을 발견할 수 있다. 제2차 바티칸 공의회의 교회헌장과 수도생활 교령에서는 여전히 '수도생활'이라는 단어를 쓰고 있고, '축성'consecratio이라는 말은 네 번 나타나지만(교회 44ㄱ, 46ㄴㄷ; 수도 5) 관련 항목의 내용에서는 축성의 신학적 의미를 심화하고 있다. 그 후 새 교회법전(1983)과 요한 바오로 2세의 권고 「비타 콘쎄크라따」*Vita consecrata*(현재 「봉헌생활」로 번역되어 있다)(1996)가 나온 후 '축성생활'은 기존의 '수도생활'을 포함하는 광범위한 의미로 더 널리 쓰이게 되었다.

'축성'consecratio이라는 명사는 원래 능동과 수동의 이중적 의미를 갖는 'consecrare'라는 동사에서 유래하는데, 그 신학적 의미는 '신화神化하다' '성스럽게 하다'이다. '성스럽다'는 말은 모든 종교에 공통된 용어로 그 가장 고유한 말뜻은 "분리되어 따로 보존된, 그리고 범할 수 없는 어떤 것"을 가리킨다. 따라서 그리스도교의 경우 특히 하느님의 세계에 대해, 그리고 하느님의 현존을 드러내거나 의미하거나 실현하면서 그분과 직접 연결된 모든 것에 대해 쓰는 말이다.

'축성'consecratio의 개념은 그리스도인들에게 적용될 때 그리스도 추종과 밀접한 관계를 가지며 두 가지 의미로 사용될 수 있다. 먼저 신학 상의 신비적 의미로서 하느님께서 당신이 선택하여 부르신 사람을 성령을 통해 성삼위를 결합하는 사랑의 친교라는 거룩한 영역에 들게 하시는 행위를 뜻한다. 이는 하느님께서 그 사람에 대해 능동적으로 주도하시는 자유롭고 고유하며 독점적인 행위로서 축성의 객관적 측면을 이루며, 축성생활이 지닌 신비적 차원의 근원이 된다. 축성된 사람은 이로써 하느님의 온전한 소유가 되며 그분과의 인격적·전인적 관계 안에 들게 된다. 곧 하느님께서 깊은 개인적 친밀함으로 그를 온전히 차지하시고, 자신을 위해 따로 보존하시며, 내면으로부터 그의 존재를 새롭게 변화시키시는 것이다. 이는 '축성된 자'의 원형이신 예수 그리스도와 같은 모습으로 형성하기 위함이다.

한편 도덕적·수덕적 의미에서는 부르심을 받은 사람 편에서 자유롭고 의식적인 응답으로 사랑이신 하느님께 자신을 차지하시도록 내드리는 봉헌의 행위를 가리킨다. 곧 인간에게 당신 자신을 내주시는 하느님께 인간이 전적인 사랑으로 자신을 바쳐 드리는 행위이다. 이는 하느님의 활동을 능동적으로 받아들이는 행위로서 축성의 주관적 측면이 된다. 또한 하느님의 초대에 대한 인간의 능동적, 구체적, 실천적 응답이자 은총을 활용하여 하느님의 뜻을 행하기 위한 노력으로서 인간의 자유의지가 개입하는 수행적 차원이다. 이 자유롭고 인격적인 응답은 사람에게만, 그리고 사람의 존재 전체에 해당되며, 이 응답을 통해 축성이 구체화된다.

이상의 두 가지 의미는 서로 구별되는, 그러나 상호 보완적인 관계에 있다. 곧 '축성생활'vita consecrata이라는 용어는 '축성'consecratio이라는 말이 지닌 이상의 두 가지 차원의 의미를 다 포함하면서 삶의 통일성을 나타낸다. 과거에는 주로 인간이 하느님께 자신을 봉헌하는 차원에서 이해되었던 축성생활은 현재는 이 두 차원을 아우르는 더 총체적이고 통합된 실제로 이해된다. 축성은 하느님과 인간의 만남의 열매이며, 두 자유와 두 의지가 개입하는 이 만남은 부르심과 응답, 곧 선택과 동의를 통해 사랑의 계약이 된다. 사실 그리스도교의 축성생활은 수행만으로 이루어지는 것이 아니고 하느님의 부르심과 주도적 행위에서 오는 신비적 요소를 포함하며, 이 요소가 우선적이요 더 본질적인 요소이다. 따라서 라틴어 vita consecrata는 엄밀한 의미에서는 '축성 봉헌 생활'로, consecratio는 '축성 봉헌'으로 번역됨이 바람직하다.

축성생활회와 사도생활단 성의 문헌 「본질적 요소」*Elementi essenziali*(1983)는 축성생활의 이러한 특징을 잘 표현하고 있다. "축성은 하느님의 행위이다. 곧 하느님께서는 어떤 사람을 부르시고 특수한 방식으로 당신에게 자신을 바치도록 당신을 위해 그를 따로 보존하신다. 동시에 그분은 축성에서 인간의 응답이 자신의 전부를 내맡기는 깊고 자유로운 위탁을 통해 표현되도록 은총을 부여하신다. 거기에서 나오는 새로운 관계는 순전히 선물이다. 그것은 하느님의 영광과 축성된 사람의 기쁨과 세상의 구원을 위하여 맺어진 상호적 사랑과 충실성의 계약이요, 친교와 사명의 계약이다(5항)".

그렇게 인간이 하느님의 거룩한 영역에 들게 되는 것은 세례성사와 견진성사에서 이루어지지만, 성령께서 각 사람에게 주시는 특수한 성소라는 선물을 통해 더 깊어지고 개별화된다. 그러한 선물을 통해 성령께서는 각자 안에 현존하시고 힘과 능력과 태도와 행동을, 곧 각자의 인간 존재 전체를, 관상적, 혹은 사도적 수도생활의 특정한 계획의 실현으로 향하게 하신다. 곧 하느님께서는 그 사람을 완전히 소유하여 그로 하여금 거룩함 안에서 예수 그리스도의 형상을 갖게 하여 특정한 계획에 따라 당신이 맡기신 사명을 수행하도록 세상 안으로 파견하시는 것이다. 그리고 축성된 사람은 기도와 삶의 증거와 함께 이 사명의 수행을 통해서도 하느님께 응답하는 것이다.

하느님의 능동적 행위와 인간의 응답이라는 이 두 요소는 기본적으로 세례성사와 혼인성사를 통한 축성 봉헌 및 성품성사를 통한 축성 봉헌에도 동일하게 들어 있다. 그러기에 평신도와 성직자도 축성되었으며 또 말씀과 성사로 실존적인 축성을 받는다. 현재 교회에서 부적절하게도 '복음적 권고를 서약하는 그리스도인'만을 '축성생활자'라고 부르는 것은 그들에게 고유한 다른 적절한 명칭이 아직 없기 때문이다.

축성생활의 신분은 본성상 성직자도 아니고 평신도도 아니며(교회법 588조 1항), 그 중간 신분도 아니고 그 양편에서 하느님께 부르심을 받은 어떤 그리스도인들의 신분이다(참조: 교회 43ㄴ; 교회법 588조 1항).

현행 교회법전은 단체로 이루어지는 수도생활과 재속회의 삶 외에도 개인적으로도 "서원이나 기타 거룩한 결연으로 견고하게 된 세 가지 복음적 권고를 교구장 주교의 손 안에서 공적으로 선서하고 그의 지도 아래 고유한 생활방식을 준수하는"(603조 2항) 은수자의 삶과 "그리스도를 더욱 가까이 따르려 거룩한 계획을 발원하는 동정녀들이 […] 교구장 주교에 의하여 하느님께 봉헌되고 그리스도께 신비적으로 약혼되며 교회의 봉사에 헌신하는" 삶도 축성생활의 형태로 인정한다. 또 사도생활 vita apostolica은 축성생활과 '유사한' 것으로 간주한다 (731조 1항 참조).

요한 바오로 2세의 권고「봉헌생활」*Vita consecrata*은 축성생활의 다양한 형태를 더 폭넓게 제시하면서 동방교회와 서방교회의 수도승생활, 동정녀회와 은수자들 및 배우자와 사별한 이들의 삶, 관상수도생활과 사도적 수도생활, 재속회의 삶과 사도생활 등을 열거한다(5-11항). 축성생활의 새로운 또는 쇄신된 형태를 식별하는 것은 교회의 권위에 속하며 이를 승인하는 것은 사도좌에만 유보된다(참조: 교회법 605조; 봉헌 12).

[참고 문헌]

　가르시아 파레데스 J. C. R., 『교회의 사명 안에서의 축성생활』, 성바오로 1999; 요한 바오로 2세, 「구원의 은총」 *Redemptionis Donum*(1984), 7.

[국춘심]

축성생활회와 사도생활단 성

라 Congregatio pro Institutis Vitae Consecratae et Socitatibus Vitae Apostolocae 영 Congregation for the Institutes of Consecrated Life and the Societies of Apostolic Life

1586년 5월 27일 식스토 교종에 의해 '수도자 자문 성성'聖省 Sacra Congregatio super consultationibus regularium이라는 명칭으로 설립되어 교황령「무한하시고 영원하신 하느님」Immensa aeterni Dei(1588.01.22)을 통해 승인되었다. 그 후 1601년 클레멘스 8세는 여기에 '주교와 기타 고위성직자 자문 성'Congregatio pro consultationibus episcoporum et aliorum prelatorum을 통합했다. 성 비오 9세는 교황령「지혜로운 의견」Sapienti Consilio (1908.06.29)을 통해 다시 두 기구를 분리하여 '주교 자문 성'을 '교구 성'에 귀속시키고 '고위 성직자 자문 성'을 '수도자 성'으로 독립시켰다. 1917년 교회법전에서는 '수도단체들의 업무 성성'Sacra Congregatio Negotiis religiosorum sodalium으로 바뀌었고, 1947년 승인된 재속회에 관한 업무도 여기서 맡게 되었다.

교종 바오로 6세는 교황령「보편 교회의 통치」Regimini Ecclesiae Universae(1967.08.15)를 통해 '수도단체들의 업무 성성'을 '수도자와 재속회 성성'S. Congregationem pro Religiosis et Institutis Saecularibus, SCRIS으로 개칭하였다. 후에 거룩

하다는 의미의 '성'聖 Sacra이 삭제되면서 '수도자와 재속회 성省' CRIS이 된다. 요한 바오로 2세는 교황령 「착한 목자」*Pastor Bonus*(1988.06.28)를 통해 이를 다시 '축성생활회와 사도생활단 성'Congregatio pro Institutis Vitae Consecratae et Socitatibus Vitae Apostolicae, CIVCSVA으로 개명하였다. 이 성을 줄여서 부를 때 '수도회 성' 또는 '수도자 성'이라고 부르는 경우가 있으나 이는 '재속회'와 다른 형태의 축성생활을 제외시키는 것이 되므로 '축성생활회 성'이라고 함이 바람직할 것이다.

  이 성省은 모든 형태의 축성생활회(남녀 수도회와 재속회 및 새로운 공동체들)와 사도생활단에 관련된 모든 사항을 관장한다. 곧 회들의 설립과 폐지, 통합, 회헌의 승인, 통치와 사도직, 회원들의 입회와 양성, 권리와 의무, 서원에 대한 관면과 회원들의 퇴회, 그리고 재산 관리 등을 다루며, 남녀 수도자 장상 협의회를 설립하고, 그 협의회의 정관을 승인하며, 그들의 활동이 그들의 고유한 목적을 성취하게 편성되도록 감독한다. 또한 축성생활의 모든 개인적 형태(은수자, 축성된 동정녀와 과부들) 및 그 연합체들을 관장한다.

  이 성의 권한은 본성상 속인적屬人的 특성을 지니므로 축성생활의 모든 측면에 걸쳐 있으며, 지역적 한계가 없다. 그러나 회원에 대한 특정 문제들은 다른 부서에도 그 권한이 부여되어 있다. 또한 축성생활회나 사도생활단이 되려는 목적으로 구성된 신자들의 단체와 재속 3회에 대해서도 권한을 갖는다. 이런 권한을 통해 궁극적으로 이 성省의 목적은 각각 고유한 정신과 구조를 가진 축성생활회들과 사도생활 단체들을 돕는 데 있으며, 따라서 각 단체의 자율성과 고유법을 존중해야 한다(교회법 586, 593조).

[참고 문헌]
　사도좌 누리집; *DTVCi*, 424-436.

[국춘심]

평수사회 平修士會 라 institutum laicale 영 laical institute

평수사회는 그 본성과 성격과 목적에 따라 설립자나 합법적 전통에 의하여 정해진 성품의 집행을 내포하지 아니하는 고유한 임무를 가지며 교회의 임무로부터 그러한 것으로 인정된 수도회를 말한다(교회법 588조 3항).

평수사회는 몇몇 다른 명칭으로 불렸으나(588조 3항; 수도 10) 제9차 정기 세계주교대의원회의 교부들은 이 용어가 이 수도회 회원들의 소명의 고유 성격을 적절히 표현하지 못하고 있다는 점을 지적하며 평신도들의 세속 신원과 그들 신원 사이의 혼동과 모호함을 피하려고 '형제수도회'insititutum religiosum fratrum라는 용어를 제안하였고 이 용어는 교종 요한 바오로 2세의 권고「봉헌생활」에서 채택되었다. 특히 '형제'라는 용어는 풍부한 영성을 담고 있고 많은 형제 중에서 맏아들이 되신 그리스도와 깊이 일치함으로써 그분의 형제가 되도록 초대받고 있으며 모든 이의 형제 곧 교회 안에서 더 큰 형제애를 실천하는 형제들이 되도록 부름 받았다는 의미에서 이 제안은 큰 의미를 가진다.

현행 교회법 체계에서 어떤 수도회가 그 본성과 성격과 목적에 따라 설립자나 합법적 전통에 의하여 평수사회로 인정받기 위해서는 다음과 같은 두 가지 기준에 부합해야만 한다. 1) 교회의 인정 2) 성품의 집행을 내포하지 않는 고유한 임무. 따라서 수도회의 평신도적 성격은 세습 재산에 속하므로 교회로부터 인준된 설립자의 정신과 건전한 전통에 관련된다.

첫 번째 기준인 '교회의 인정'은 가장 중요한 기준이다. 그 수도회가 성직수도회인지 평수사회인지 최종 결정은 교회가 하기 때문이다. 이 교회의 인정은 그 수도회의 평신도적 성격에 관한 모든 의문을 해소시키는 열쇠가 된다.

두 번째 기준인 '성품의 집행을 내포하지 않는 고유한 임무'는 설립자와 건전한 전통에서 비롯되는 수도회의 본성과 성격, 목적에서 나온 것이어야 한다. 비록 성품의 집행을 요구하지 않는다 하더라도 그 임무는 교회적ministerium ecclesiale이어야 한다. 평수도자는 선서를 발하면서 복음적 권고를 받아들이고, 교회의 관할권자에 의하여 승인되고 고유법에 따른 봉사를 주어진 직무에 따라서 교회의 이름으로 행하도록 자유롭게 자신을 헌신하기 때문이다. 교회의 역사 안에서 기사 수도회, 의료 봉사 수도회, 애덕 수도회, 교육 수도회들이 전통적으로 평수사회로 인정되어 왔다. 당연히 모든 수녀회는 평신도회이다. 하지만 한 번도 평신도회institutum laicale로 불린 적이 없고 다만 여자 수도회institutum feminile로 불려왔다.

제2차 바티칸 공의회는 "평수사회가 평신도 성격을 굳게 보존하면서, 총회의 결정에 따라 수도원의 사제 교역의 필요성에 대비하여 어떤 회원들이 성품을 받도록 하는 데에 아무런 장애가 없음을 거룩한 공의회는 선언한다"(수도 10)고 말하였다. 따라서 총회가 작성한 회헌에 따라서 평수사회는 재속성직자를 회원으로 받을 수도 있고 기존 수도자를 성품에 나아가도록 할 수도 있다. 하지만 이는 "수도회들이 그들의 소명과 사명에 충실하기를 바라는 마음에서 이에 대한 어떠한 명백한 권고도 하지 않고"(봉헌 60) 있는 것이다. 마찬가지로 평수사회 내 장상직에 관해서도 교도권과 교회법은 침묵한다. 그러므로 총회에서 성품에 나아가는 규정과 성직수사의 권리와 의무, 그리고 그들이 성품 집행에 있어서 평수사 장상에게 어떻게 종속되는지 정해야 한다. 특히 성직수사의 장상직 가능성과 선거권, 피선거권에 대한 규정이 중요할 것이다. 실제로 평수사회 내에서 성직수사가 장상직을 맡는 것을 꺼려 왔다. 이는 성직수도회 내에서 성직자의 통치가 요구되는 것과 마찬가지로 이러한 방법을 통하여 각 수도회의 고유한 성격이, 성직자적 성격이든지 평신도적 성격이든지, 온전히 보존될 수 있기 때문이다.

(→ 성직수도회, → 혼합수도회)

[참고 문헌]

　Gambari E., *Vita Religiosa secondo il Concilio e il nuovo Diritto Canonico*, Edizioni Monfortane, 1984/ *Il diritto nel mistero della Chiesa*(2), Pontificia Università Lateranense, Roma 2001.

[이규용]

평의회 評議會 라 consilium 영 council

평의회의 명칭은 시대와 수도회에 따라 달리 불려 왔다. 그 기원은 수도회의 시작과 함께 시작되었다고 볼 수 있다. 성 베네딕도는 "수도원 안에 어떤 중요한 일이 있을 때마다 아빠스는 공동체 전체를 소집하여, 그 일을 자기가 직접 제안해야 한다. 그는 형제들의 의견을 듣고 깊이 검토한 후에 더 유익하다고 판단되는 바를 행할 것이다."(수도규칙 3장)라고 규정한다.

평의회란 회원들의 합의체인 '회의'capitulum와 더불어 수도회 운영의 주체인 장상의 행위에 대한 회원들의 참여의 한 형태로서, 장상의 올바른 권한 행사와 보다 균형 있는 역할 수행을 돕고 경우에 따라서는 장상의 권위 행사를 견제도 하는 '자문기구'이다. 이를 '고문회'顧問會, '자문회'諮問會 등으로 부르는 경우가 있으나 이는 평의회의 다양한 역할과 기능을 '자문'에 한정시킨 명칭이므로 적절한 표현이 아니다. 또한 평의회는 '참사회'參事會와 다르며 명확히 구분해야 한다. '참사회'란 평의회와는 엄격히 구분되는 기구로서 수도회 내에서 지역 장상(수도원장), 평의원, 각 부서의 책임자 등 중요한 직책을 맡은 이들의 모임을 일컫는다.

교회법상 평의회의 본질과 역할에 대하여는 교회법 제127조와 제627조, 그리고 수도회 고유법에 따라 이해해야 한다. 수도회 장상들은 회헌의 규범에 따라 고유한 평의회를 두고 그 도움을 임무 수행에 활용하여야 한다(627조 1항). 평의회는 자문기구이지 통치기구가 아니다. 평의원들은 장상이 아니기에 결코 장상의 권한을 갖거나 결정권을 갖지 않는다. 법적으로는 평의원들의 역할은 장상이 해야 하는 결정에 대해 '동의'와 '의견'을 제시하는 것이다. 장상과 평의회의 궁극적이고 가장 중요한 목적은 수도회와 회원들에게 봉사하는 것이다. 회원들에게 "완전한 사랑"을 지향하도록, 그리스도를 추종하고 그분을 닮아가도록, 그리고 봉헌생활의 세 가지 차원, 즉 하느님과의 깊은 관계, 참된 형제적 생활, 관대한 사명수행을 실현하도록 도움을 제공하는 것이다. 평의회는 하나의 작은 공동체로서 '영성적 특징', 영성적인 모습을 가져야 한다. 통치의 책임을 가진 자가 '영적 삶의 수위성'에서 출발할 때만, 오로지 활동의 조직가나 구조의 운영자로 끝나지 않고, 회원들이 그리스도를 닮아가는 길에서 그 성장을 도울 수 있음을 명심할 필요가 있다.

평의회는 단독으로 또는 합의체로서 역할을 수행한다. 평의회가 단독으로 역할을 수행하는 경우에는 장상은 의사 결정이나 조언적 투표에 참여하지 않는다. 곧, 장상을 제외한 나머지 평의원들끼리 그 역할을 수행하는 것이다. 장상이 평의회의 '조언을 들어야' 하는 경우나 평의회의 '동의를 얻어야' 하는 경우가 이에 해당된다. 합의체로서 역할을 수행하는 경우에는 장상이 다른 평의원들과 함께 결정한다. 예컨대 회원을 제명하는 경우다.

평의회는 본질적으로는 자문기구이지만 여기에는 동의를 통한 견제의 역할도 포함되어 있다. 장상의 역할 수행에 관하여 '평의회의 동의를 얻어'라고 규정된 경우 장상은 투표를 하지 않을 뿐만 아니라 평의회의 결정을 장상이 거스를 수 없다(127조). 이것은 분명히 견제의 역할이다. 한편 장상이 '평의회와 더불어 결정한다'고 규정되어 있는 경우에는 장상은 다른 평의원들과 동등하게 한 표만을 행사할 뿐이다. 그리고 그 결과에 대해 장상이 달리 바꿀 수 없다. 그런데 평의회에서 '평의회의 자문을 얻어 장상이 어떤 일을 결정한다'고 할 때는, 평의원들만 투표를 하되 장상은 그 결과와 달리 결정할 수 있다.

자문에는 절대적 자문과 상대적 자문이 있다. 1) 절대적인 자문은 자문이 법적 유효성에 영향을 미치는 경우이다. 따라서 반드시 자문을 받아야 한다. 예컨대 '첫 서약에 받아들이는 경우 평의회의 자문을 얻어 관구장이 받아들인다'고 되어 있는 경우, 장상은 받아들일지 말지 결정할 권한이 있지만, 자문을 안 듣고 받아들이면 그 자체가 무효가 되는 것이다. 2) 상대적인 자문은 자문 자체를 들을 수도 있고 안 들을 수도 있는 경우이다.

(→ 장상)

[기경호]

평신도회 ⇨ 평수사회

표시 ⇨ 표징

표지 ⇨ 표징

표징 表徵　라 signum　영 sign

　표징은 밖으로 드러나는 특징이나 상징을 말하는데, 눈에 보이지 않는 실재를 표현하여 존재하게 하는 감각적인 표상이나 사물 또는 행위라고 할 수 있다. 신학적으로는 눈에 보이지 않는 은총과 영적 실재를 가시적으로 보여 주는 물질적인 것을 뜻하며, 유의어類義語로는 표지, 징표, 표시 등이 있다.

　축성생활 신학에서 이 표징은 성사적聖事的 의미로 사용된다. 성사란 눈에 보이지 않는 하느님 은총을 보고 느낄 수 있도록 감각적, 상징적으로 표현한 거룩한 표지를 말한다. 제2차 바티칸 공의회의 교회헌장에서는 축성생활의 교회적 차원에 대해 다음과 같이 설명한다. "많은 그리스도인들이 받아들인 복음적 권고의 실천은 교회의 거룩함에 대한 증거와 모범을 세상에 보여 주고 있으며 또 보여 주어야 한다(교회 39)". "복음적 권고의 서원은 교회의 모든 지체가 그리스도인 소명의 의무를 꾸준히 이행하도록 효과적으로 이끌 수 있고 또 이끌어야 할 표지로 드러난다(교회 44)". 공의회의 이러한 단언은 축성생활이 교회의 성사적 차원과 결정적으로 연결되어 있다는 것을 보여 준다.

　이러한 전망 안에서 축성생활에 대한 공의회 이후 문헌들은 교회와 세상 안에서 그 역할에 대해 숙고하면서, 성사적인 전망과 어휘를 통해 축성생활의 표시적 역할을 재확인하며, 축성생활자들이 공적 서원, 또는 거룩한 유대를 통해 복음 권고를 선서함으로써 하느님 백성의 성사적 본성에 참여한다고 말한다.

축성생활자들의 신분은 정결, 청빈, 순명의 복음적 권고를 공적으로 서원하고, 사랑의 열정과 완전한 하느님 예배를 가로막을 수 있는 모든 장애에서 벗어나겠다는 서약을 함으로써 그리스도를 따르는 것이다. 이는 명백히 축성생활이 하느님 백성의 성사적 본질에 특별한 방법으로 참여하고 있음을 가리킨다. 사실상 복음 권고를 선서하는 이들의 축성은 특별히 이러한 목적으로, 측량할 수 없는 그리스도의 신비를 온 세상에 가시적으로 증언하는 것을 지향하고 있다(상호 10).

축성생활은 불가시적 실재를 가시적으로 보여 줄 뿐 아니라 전달해 주기도 하는 효과적 표지가 된다. 특히 일생을 통한 하느님의 축성 행위가 지니는 신비의 외적·사회적 표지가 됨으로써, 또한 전 신비체의 선익을 위해 교회의 중재를 통해 이러한 표지가 됨으로써, 특수한 형태로 하느님 백성의 성사적 성격에 참여한다. 이는 축성생활 자체가 신비로서 또한 사회적 실재로서 교회의 한 부분이 되기 때문이며, 축성생활은 이 두 가지 측면을 떠나서는 존재할 수 없다(본질적 요소 38 참조). 복음 권고의 실천은 축성된 자들이 신자 공동체와 세상을 위한 하나의 표징이자 예언이 되게 하며, 그 실천을 통한 예언자적 증거에서 표징의 가치가 드러나게 된다(봉헌 15; 84).

축성된 사람들은 하느님의 부르심에 대한 그들의 완전한 응답에 방해가 될 수 있는 모든 장애를 멀리하고 그들의 전 존재와 소유물을 하느님께 돌리고 바침으로써 세상 안에서 그리스도의 참된 표징이 되며, 그들의 생활 방식 또한 그들이 실천하는 이상을 명백히 보여 줌으로써 하느님의 살아 있는 표지가 되고, 소리 없는 가운데서도 웅변적인 복음 선포가 되는 것이다(봉헌 25).

[참고 문헌]

　Pigna A., *La vita religiosa. Teologia e spiritualità*, OCD, Roma, 1991.

[박명진]

합체 | 合體 라 incorporatio 영 incorporation

　1983년 교회법전은 '축성생활회'라는 공통의 범주를 선택함으로써 축성생활회들에 공통되는 '합체'라는 개념을 사용하였다. 각 회마다 합체의 방식은 다르지만 이는 명백히 수도회에서의 삶을 시작하기 위한 '입회'와는 구별할 필요가 있다. 합체란 축성생활회 회원들이 복음적 권고를 선서함으로써 자기 소속회의 법적 구성원이 되어 보편 교회법과 수도회 고유법에 규정된 권리와 의무를 갖게 되는 것을 말한다. 합체는 일정한 기한을 정해서 하는 기한부 합체, 거룩한 유대로 복음적 권고를 종신토록 받아들임으로써 그 회에 종신토록 합체되는 종신 합체, 기한부 유대를 항상 갱신하는 확정적 합체 등으로 구분된다. 종신 합체와 확정적 합체는 회헌에 규정될 특정한 법률효과에 관해 동등시된다(교회법 717조 2항 참조). 회에 따라서는 회원들로 하여금 종신 합체와 확정적 합체 중에 선택할 수 있도록 한다.

　수도생활 지망자들은 복음적 권고를 공적 서원으로 받아들이고 교회의 교역을 통하여 하느님께 축성되며 서약함으로써 그 회에 합체된다(654조). 재속회 지망자들은 복음적 권고를 거룩한 유대로 선서함으로써 그 회에 합체된다(723조). 사도생활단

지망자들은 그 단체의 고유법에 따라 합체된다(735조). 수도승원의 회원으로서 서약한 수도자는 수도승원 연합회나 연맹에 합체되는 것이 아니라 소속 자치 수도승원에 합체되는 것이 일반적이나 예외적으로 연합회에 합체되는 경우도 있다. 자치수도승원에서 서약하여 합체된 수도자는 그 수도승원의 회원으로서의 권리와 의무를 갖는다.

[기경호]

형제수도회 ⇨ 평수사회

혼합수도회 混合修道會 라 institutum mixtum 영 mixed institute

혼합수도회는 교회법 588조에서 말하는 성직수도회와 평수사회 어디에도 해당되지 않고, 수도회 내의 모든 수도자들이 성품에서 오는 직무만을 제외하고 동등한 권리와 의무를 인정받는 수도회를 말한다. 수도생활교령 15항에서 그 가능성을 언급하였으나 현행 교회법 체계에는 명시적으로 존재하지는 않는다. 그러나 성직수도회와 평수사회의 정의에 대한 현행 교회법의 질적이고 능동적인 기준에 따르면 제3의 가능성이 법리적으로도 허용된 것이다. 사실 이러한 종류의 수도회는 수도생활의 역사와 함께 실질적으로 항상 존재해 왔다.

명칭에 관해서는 '혼합수도회'institutum mixtum, '중립수도회'institutum neutrum 등으로 불렸으나 요한 바오로 2세는 혼합수도회라는 명칭을 채택하였다(봉헌 61). 왜냐하면 '중립'이라는 형용사는 여기에도 저기에도 해당되지 않는다는 부정확하고 수동적인 의미를 지니는데 비해 '혼합'이라는 형용사는 성직자적 성격과 평신도적 성격 모두를 가진다는 보다 능동적인 의미를 지니기 때문이다. 현행 교회법 체계와 신학은 평신도적 성격을 더 이상 성직의 결여로 보지 않고 교회의 고유한 직무로 보고 있으므로 수도회의 고유한 본성과 성격, 목적에 따라서

이 두 가지 범주 모두에 참여하는 수도회의 가능성이 존재하는 것이다.

그러나 만일 한 수도회가 혼합수도회로 인정되었다면 현행 교회법 체계에서 오직 성직수도회에만 부여하는 여러 통치권과 특권들을 그대로 지닐 수는 없을 것이다. 따라서 혼합수도회의 상급 장상은 성좌설립 수도회라 할지라도 자기 회원들에 대하여 직권자가 아니므로 교회 통치권을 가질 수 없다. 그러므로 결국 평수사회와 법률상 동등시될 것이다.

따라서 교종 권고 「봉헌생활」은 수도승회나 몇몇 탁발 수도회와 같이 설립자의 원래 의도에 따라 성직수사든 평수사든 모든 회원을 동등하게 여기는 형제적 단체로 형성되었던 수도회들은 시간의 흐름에 따라 건전한 전통에 의하여 성직화되는 등 다양한 형태를 지니게 된 점을 지적하며 이 수도회들이 그들의 창립 은사를 더욱 깊이 이해함으로써 창립 정신으로 되돌아가는 것이 바람직하다고 권고한다. 그러나 혼합수도회의 교회 통치권과 성품권 같이 아직 법률적으로나 실천적으로나 부정확하고 모호한 점이 존재하므로 이와 관련된 문제들을 검토하고 해결하기 위하여 교황청 특별위원회가 설립된 적이 있었지만 (봉헌 61) 별다른 성과를 거두지는 못하였으므로 학계의 활발한 연구가 요구되는 실정이다.

(→ 성직수도회, → 평수사회)

[참고 문헌]

　Chiappetta L., *Il Codice di Diritto Canonico*(1), 1, EDB,

Bologna 2011; De Paolis V., *La Vita consacrata nella Chiesa*, Marcianum Press, Venezia 2010²; Gambari E., *Vita Religiosa secondo il Concilio e il nuovo Diritto Canonico*, Edizioni Monfortane, 1984; Liusi M., *Gli istituti misiti di vita consacrata, Natura, caratteristiche e potestà di governo*, Aracne editrice, Roma 2015.

[이규용]

회헌 會憲 라 constitutio 영 constitution

축성생활회들을 통할하는 고유법들은 다양한 명칭을 가지고 있다. 각각의 명칭들은 역사적 이유나 회에 따라 상대성을 지닌다고 할 수 있다. 그럼에도 수도규칙과 회헌이란 용어는 중요하고 다른 용어들에 비해 더 익숙해져 있다. 수도생활 역사상 최초의 회헌은 시토Cîteaux회에서 나온 「사랑의 헌장」*Charta Caritatis*이란 문헌으로 여겨진다.

회헌을 가리키는 '콘스티투씨오'Constitutio란 용어는 원래는 법률, 칙령, 규정이란 뜻을 갖는 법률 용어였다. 교회법전이 따로 없던 시기에 교종들은 로마 제국의 법제를 수용하여 법령집들을 정리하면서 이 용어를 사용하였다(예컨대 교황 클레멘스 5세의 결정사항 모음집인 *Constitutiones Clementinae*). 영어권에서 'constitution'이란 용어는 14세기 후반에는 지금은 사라져버린 '포고, 임명'decree, ordaining이란 뜻으로 사용되었다. 1580년대에는 라틴어 constitutionem과 프랑스어 constitution으로부터 '설치(제정)하는 행위'란 의미가 파생되고, constitutus란 말로부터 '설치 행위, 설정된 조건, 무엇 위에 정리되거나 설치된 것, 규정, 질서, 명령'이란 뜻이 파생되었다. 1610년경부터는 '한 국가의 조직 방식'의 뜻으로 쓰였고, 1730년대부터는 '한 공동체가 통치되는 원칙들의 체계'를 의미했으며, 18세기 후반에는 특히 미국과 프랑스의 성문 헌법을 가리켰다. 현재 교회에서는 보편 공의회의 문헌이나 교황 헌장, 수도회들의 회헌을 가리키는 말로 사용되고 있다.

축성생활회에서 회헌은 회의 기본적이며 근본적인 법전으로서 회 전체와 그 회원들의 존재와 삶과 활동을 위한 근본 지침이다. 회헌이란 그 회의 본성, 목적, 정신, 성격에 관하여 교회 관할권자에 의하여 인준된 설립자의 정신과 계획 및 그 건전한 전통 외에도, 회의 통치와 회원들의 규율, 회원들의 합체와 양성 그리고 거룩한 결연結緣 sacrum ligamen의 고유한 대상에 관한 기본적 규범을 포함한 각 회의 기본 법전이다(교회법 578; 587조 1항). 회헌은 회 전체와 그 회원들의 존재와 활동을 위해 정한 생활 지침이요 기본 규범이다. 회헌은 관할권자의 승인을 받아야 하며, 그 동의가 있어야만 변경될 수 있다(587조). 회헌에는 영적 요소와 법적 요소가 적절하게 배합되어야 하며, 규범들이 필요 없이 중복되지는 말아야 한다(587조 3항). 회헌의 유권해석은 교황청설립회의 경우는 교종에게, 교구설립회는 관할 교구장주교에게 그 해석 권한이 있다.

회헌은 회의 최상위 고유법이다. 고유한 수도규칙을 갖는 회의 경우 수도규칙은 회헌의 입법 기초이며, 회헌은 수도규칙을 구체화하여 시대 상황에 적응시킨 것이다. 회헌은 수도규칙의 현실에 적응한 독서이고, 형제적 친교와 고유한 은사에 대한 충실성의 방편이며 삶의 계획을 창출하는 기본적인 규범들의 총체이다. 회헌은 '또 하나의 추가된 문헌'도 여정의 마지막

단계도 아니다. 회헌은 회원의 정체성에 관한 표현이자 성소를 점진적으로 완성하도록 도와 주는 본질적이고 역동적인 도구이다. 회헌은 회에 대한 하느님의 뜻의 표현일 뿐만 아니라 구체적인 한 사람에 대한 의지의 표현도 되어야 한다. 회의 고유한 은사와 목적 등을 담고 있는 회헌은 법 규정들의 집합체가 아니라 삶에 대한 항구한 식별 의지의 표현이다. 회의 효과적인 활동과 존재 가능성은 회헌의 유효성에 달려 있다고 해도 과언이 아니다.

나아가 회헌은 법 규정만을 담고 있는 것이 아니라 쇄신의 출발점이기도 하다. 회헌은 한 회와 그 회원들의 쇄신을 위한 공통의 출발점, 회원 한 사람 한 사람의 삶의 원체험의 진원지, 원천이라고 할 수 있다. 회헌은 단순한 하나의 기본 법전이 아니라, 또한 자유와 창조성에 바탕을 둔 생명의 책이다. 회헌은 고정된 규범이 아니라 정체성을 찾아나가는 길이며, 하느님의 부르심에 고유한 방식으로 응답해 나가도록 도움을 주는 지침서요 길잡이이다. 따라서 회헌은 회의 기본적인 지침을 포함하는 동시에 각 회원의 자유와 창조성, 고유한 인격을 충분히 열어 줌으로써 다양한 은사를 공통된 생활 양식으로 살 수 있도록 하여야 한다. 이런 의미에서 그것은 하나의 문서일 뿐 아니라 각 회원의 마음에 쓰인 법이며 영신적인 지침이다. 회헌은 창설자의 영적 체험을 요약적으로 전해 주며, 창설자의 체험을 현실화하여 표현해 주고 창설자의 고유한 은사를 제도를 통하여 현실화 하는 길을 보여 주기에 그 회의 영성의 표현이라 할 수 있다.

(→ 규범, 수도규칙)

[참고 문헌]

Alvarez Gómez J., *Las Constituciones, Libro de Vida*, Madrid, 1987².

[기경호]